JN439435

삶과 예술적 희망

현 대 수 필 가 1 0 0 인 선 · 0 6

삶과 예술적 희망

성기조 수필집

좋은수필사

■ 책머리에

수필은 누구나 부담 없이 읽고, 마음만 먹으면 직접 쓸 수도 있는 가장 친근한 문학이다. 다른 영역의 문학이 영상매체에 밀려 신음하고 있는 중에도 수필 인구만은 날로 증가하여 바야흐로 수필 전성시대를 구가하고 있는 이유도 거기에 있을 것이다.

시대적 추세에 힘입어 수많은 수필전문지, 수필동인지가 창간되고, 이에 비례하여 신진 수필가도 날로 늘어나다 보니 이제는 그 많은 작가, 그 많은 작품 중에서 문학성 높은 작품을 가려 읽는 일이 쉽지 않게 되었다. 이런 현상은 작가에게나 독자에게나 결코 바람직한 일이 아니다. 더 나아가서는 수필을 연구하는 후세들에게도 큰 부담이 될 것이다.

이런 문제를 해결하는 데는 출판인도 마땅히 한몫을 감당해야 한다는 평소의 소신에 따라, 본사가 기꺼이 그 역할을 맡기로 했다. 그 첫 번째 사업으로 시대를 대표할 만한 수필가 100인을 선정하고, 작가가 자선한 40편 내외의 작품을 수록한 문고본을 발간하여 이를 널리 보급함으로써 그 소임을 다하고자 한다.

본사는 사명감을 가지고 이 사업을 추진해 나가기로 했다. 작가 선정을 전담할 편집위원회를 구성하고 전권을 위임하여 일체의 사적인 정실이나 청탁을 배제함으로써 전문성과 공정성을 확보해 나갈 것이다.

따라서 이 기획물 속에는 작가의 문학정신뿐만 아니라, 본사의 문학사적 기여 의지와 편집위원 제위의 수필문학에 대한 애정과 문인으로서의 양심이 함께 담겨 있음을 자부한다. 다만, 작가를 선정하는 기준에는 많은 견해의 차이가 있을 수 있고, 선정 과정에서도 미처 챙기지 못한 부분이 있을 것이라는 사실만은 인정하지 않을 수 없다. 이 점에 대해서는 관계자 여러분의 양해 있으시기 바란다.

이 시리즈의 발간 순서는 작가, 또는 본사의 사정에 의한 것일 뿐 그밖의 어떤 기준도 적용하지 않았음을 밝힌다.

본 기획물이 시대를 초월한 많은 수필 애호가들의 관심과 애정 속에 우리나라 수필문학 발전에 한 이정표가 되기를 바랄 뿐이다.

2007년 8월

좋은수필 발행인 서 정 환

현대수필가 100인선 간행 편집위원 박 재 식 최 병 호

정 진 권 강 호 형

변 해 명

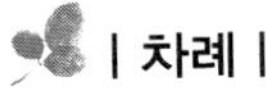

| 차례 |

1_부

2_부

3_부

4_부

1부

문화의 눈, 경제의 눈

인간의 삶은 문화적인 활동과 비문화적인 활동으로 점철된다. 비문화적 활동은 야만과 통한다고 하지만 현대를 살아가는 고상한 인간에게서도 야만적 요소를 발견하게 된다.

문화가 인류를 한껏 고상하게 살아갈 수 있게 만들었다고 하지만 사실은 문화적 '틀'에 의하여 불편을 초래한 일면도 있다. 더위가 기승을 부리는 여름날 웃통을 벗고 부채질을 해보고 싶은 생각이 간절해도 남이 흉볼까 두려워 땀을 흘린다. 알몸을 드러낸다는 것은 문화적 시각에서는 용납될 수 없기 때문이다. 얼마나 거추장스러운 생각인가? 현대를 살아가는 문화인은 넥타이까지 단정하게 매고 무더운 여름을 나야 한다.

문화는 일정한 격식格式과 틀을 가지고 있다. 그리고 해서는 안되는 여러 가지 제약을 가지고 있다. 모든 창작은 자유롭게, 그리고 활발하게 이루어지지만 예술의 각 장르에서는 다 일정한 틀을 벗어나지 못한다.

표현의 자유가 있다지만 무한대의 자유가 표현속에 들어앉지 못한다. 표현의 자유에도 도덕성道德性과 윤리의식倫理意識이 자리 잡고 있기 때문이다. 인간을 인간답게 살게 하는 구체적인 규범規範이 도덕과 윤리이다. 이것을 떠난 표현의 자유는 인륜人倫을 해치고 도덕을 훼손하기 때문에 금기禁忌의 대상이 된다.

문화는 삶과 직결되어 있다. 돈이 있는 사람, 권력을 가진 사람들만이 갖던 문화가 이제는 가난하고 가진 것 없는 사람들도 문화를 지니고 살아간다. 문화는 사람이 사는 곳, 어디에도 있다. 다만 수준의 차이는 있을망정 문화의 혜택을 누리지 않는 사람이 없다. 때문에 문화는 복합적複合的이다. 학문과 예술로 대표되는 문화는 특히 예술분야가 인류의 삶에 더 큰 영향을 끼친다.

우리나라에도 수없이 많은 예술가들이 있다. 하지만 세계적인 예술가는 손에 꼽을 만하다. 미술에 이응로, 음악에 윤이상, 정명훈, 조수미, 비디오 아티스트 백남준 등. 그러나 불행하게도 문학에는 아직 세계적인 작가나 시인이 없다. 세계적으로 명성을 얻은 예술가들을 살펴보면 하나같이 우리나라에서 길러내지 못했다. 모두 외국에서 공부했고 또 그곳에서 활동하면서 명성을 얻었다. 그들은 외국에서 예술적인 성취를 얻고도 어느 분은 우리나라를 자유롭게 왕래하지도 못했다. 물론 이데올로기에 따른 제약 때문이었지만 불행한 일이었다. 우리나라의 명성과 민족의 재질을 세계에 떨쳤어도 조국이 받아주지 않는 모양새였다. 정치적 이유로는 당연했을지 모르지만 문화적으로는 불행한 일이었다.

21세기는 문화의 세기라고 한다. 문화의 세기를 열어가야 하기 때문에 모든 것을 문화적 바탕위에서 출발 해야한다는 각오가 대단하다. 2007년을 지역문화의 해로 지정하고 정부가 앞장서서 문화창조를 부추기고 있다.

대형 문화행사, 새롭게 창작되는 공연행사, 전시행사가 계획되고 있다. 지금까지도 많은 돈이 투하投下된 공연작품이 만들어지고 전시회가 열렸다. 그렇지만 이러한 큰 행사가 열리고 나면 이에 대한 구체적인 평가와 본격적인 비평이 있었는가 따져보아야 한다. 또한 이런 행사를 통하여 새로운 문예작품文藝作品이 생산되었는가도 짚어보아야 한다.

결과는 따지지 않고 일만 벌이는 것은 이제 중단해야 된다.

작년 경주 문화엑스포에서도 많은 행사가 있었다. '수로왕' 의 공연이 있었지만 관객수와 시설, 무대를 말하는 단평短評만 있었지 본격적 비평은 기대에 미치지 못했다. 이순신 탄신 400주년을 기념하여 제작 된 '성웅 이순신' 도 국내는 물론 외국공연까지 했지만 이에 대한 본격비평이 없었고 단평만 무성했다.

모든 예술행사는 기획보다 마무리가 중요하다. 그런데도 민족문화의 전통이나 21세기를 살아나갈 문화를 어떻게 만들겠는가에 관한 논의보다 입장객 수나 따지고 먹거리의 맛과 공연장소나 전시장소의 편의시설에 관한 일들만 구체적으로 논의한다면 문화는 발전될 수 없다. 문화를 장사속으로 따진다면 새 문화의 창출보다는 전통문화까지 퇴색시킨다. 문화는 흐르는 물과 같다. 막힘없이 흘러가는데서 항상 새로운 물을 보게된다.

경제논리를 앞세운 문화의 시각은 대단히 위험하다. 활동하기 편하다고 양복만 입고 우리의 한복을 배척한다면 우리 민족은 제대로 된 복식문화服飾文化도 없다는 결과가 된다.

문화수준에 알맞은 경제수준, 경제수준에 알맞은 문화수준이 우리들을 편안케 한다. 날마다 땀 흘리고 부지런히 벌어야 먹고 사는 사람이 치렁치렁한 비단옷을 입고 다닐 수 없다. 마찬가지로 고급 옷을 입으면 노동판에서 일을 못한다. 문화와 경제는 공존共存한다. 한쪽으로 치우치면서 문화도 망하고 경제도 망한다. 이런 어리석은 일이 없기를 바랄 뿐이다.

트럼쇠에서 느낀 것

노르웨이의 트럼쇠에서 열린 70차 세계 펜대회에 참석하고 많은 생각을 갖게 되었다. 개최지가 노르웨이의 수도인 오슬로에서도 비행기로 두 시간, 북극쪽으로 날아가야 하는 자그만 도시였다. 트럼쇠는 노르웨이에서도 손꼽히는 어장漁場으로 대구와 연어가 세계적으로 많이 잡히는 곳, 한국 교포들이 이곳까지 와서 음식점을 경영하고 있었다. 또한 노르웨이 어부들이 잡은 연어와 대구는 한국 사람들이 손꼽힐 만큼 많이 수입한다는 말을 듣고 맛있는 것은 안 먹고 못배기는 사람들이란 생각을 갖게 되었고 우선 나부터 가슴이 찔렸다. 맛있는 것을 안 사먹고 못배기기 때문이었다.

전 국토가 화강암으로 덮혀 깎아지른 듯한 벼랑이 생기고 그 밑에는 빙하 활동으로 피오르드(협만峽灣)가 생겨 바다가

육지 깊숙한 곳까지 들어 와 좁고 긴 물후미가 수도 없이 많았다. 비행기 위에서 내려다 본 노르웨이는 피오르드가 내륙 깊숙한 곳까지 들어와 있고 호수가 많아 수운水運이 발달하고, 경치가 말할 수 없이 아름다운 나라였다.

바이킹의 모험적인 혈통을 이어 받은 국민성은 전통적으로 현실주의적이며 진취적인 성질이 강하여 많은 극지極地 탐험가들을 배출했다. 인간 오베르스크가 있는 포르그넬 공원에 있는 조각가 비겔란의 작품은 대리석의 크기도 그렇지만 수없는 사람들의 고통을 물리친 다음 맨 위에 올라서야 최후의 환희를 얻을 수 있다는 것을 암시하지만, 생각해보면 인간의 삶이 끔찍하기도했다. 불행과 고독을 딛고 일어서는 의지를 배워야 한다는 메시지를 전달해 주는 것 같았다. 입센(Ibsen)과, 운세트(S. Undset) 그리고 함순(K. Hamsum) 같은 대문호를 배출했기에 세계 펜대회가 열리는 것도 당연한 일로 치부하고 참가자들 모두가 노르웨이의 산하山河, 아름다운 경치에 놀랐다.

노르웨이 정부에서는 황태자와 외무장관, 트럼쇠의 관리들이 개회식에 나왔다. 노르웨이는 펜클럽이 외무성에 소속되어 지원을 받고 있었다. 이것은 펜클럽이 문화외교를 실질적으로 담당하고 있음을 알게되는 대목이었다.

개회식 때 젊은 기자가 허름한 옷차림으로 열심히 사진도 찍고 인터뷰도 하는데 서방기자들 사이에 낀 유일한 동양인으로 중국 인민일보人民日報의 문화담당 기자였다. 하도 신기(지금까지 중국은 펜대회에 대표를 파견하지 않았음)하여 다시 물었더니 이제부터 중국도 펜대회에 열심히 참석해야 할 것 아니냐는 대답이었다. 일본 대표들과 어울려 한참 동안 그와 이야기를 나누었다. 중국작가협회 안에 펜클럽을, 그것도 명색名色만 가지고 있던 중국이 올림픽 개최를 앞두고 적극적으로 펜대회에 참여하려는 의도는 무엇일까. 구속작가가 많은 중국으로서는 관심을 가지지 않을 수 없으리란 결론을 일본 대표들과 함께 이야기하고 아시아 회원국이 주축이 된 아시아 펜대회 개최에 대하여 말을 꺼냈다. 개인적으로는 찬성한다는 중국 기자의 대답이 있었다. 펜대표는 보내지 않고 신문기자만 보낸 이유도 변화하는 중국의 한 단면이라 생각되었다.

또한 소수민족 · 언어권 작가들의 펜대회 참석이 많아진다는 것이다. 몽골이나 티벳, 그리고 월남의 망명 펜 등, 그들은 각종 위원회에 부지런히 참석하여 자신들의 위치와 현실을 알리고 각국 펜에서 도움을 바라고 있었다. 물론 구체적으로 도움을 요청하는 것은 아니지만 자국의 사정을 소상하게 알려 어려움을 숙지한 다음에는 그들의 의견에 동조하지 않을 수 없게 만들고 있었다. 이제는 문학도 충분히 외교활동이 된다는 것을 알려주는 징표였다. 작품을 읽히기보다 유력한 친구를 많이 사귄다는 것, 외국의 작가와 출판인, 문학담당 기자들과의 우정을 다져간다는 것이 작품을 쓰는 것보다 국가적으로는 더 중요한 비중을 차지하지 않는지 의심스러울 정도로 각국 대표들은 부산하게 움직이고 있었다. 이 점도 달라진 일면이었다.

신명을 예술로 승화하자

전 세계를 깜짝 놀라게 만들었던 월드컵 축제도 끝났다. 우리는 6월 한달 동안 신들린 사람처럼 시청 앞에서 광화문에서 여의도 둔치에서 하나된 마음으로 신명나게 응원했다. 응원에 동원된 군중이 7백만 명이나 된다고 한다. 군중들이 일제히 붉은 셔츠를 입고 대~한민국을 외쳤고, 필승을 외쳤고, 오~필승 코리아를 외쳤다.

우리 뿐 아니라 외국인들까지 한국 응원문화의 신명에 빠져 아, 대~한민국 짝짝 짝 짝 짝, 손뼉을 치면서 우리는 하나라고 덩달아 신명나게 신풀이를 했다.

참으로 기적이었다. 광화문에서, 시청 앞에서, 그들은 열시간 가깝게 신풀이를 하고도 헤어질 때는 깨끗이 청소까지 하는 성숙된 시민문화를 보여 주었다. 이런 장면이 온 세계에 방영될 때마다 수많은 사람들은 새삼스레 한국 사람들의 신풀이 문화, 응원문화에 대하여 놀라워했다. 그리고 우리들에게 장하다고 박수를 쳤다. 짝짝 짝 짝 짝. 아직도 귀에 잔잔하게 남은 박수 장단은 4박자 휘모리 장단이었다.

휘모리 장단은 산조장단이다. 진양조, 중모리, 중중모리, 자진모리, 휘모리 장단은 그 중에서도 가장 빠르고 신명나게 만드는 음악적 요소를 지니고 있다. 휘모리 장단이 가진 3분박 4박자는 한둘셋, 둘둘셋, 셋둘셋, 넷둘셋으로 각 박자 속에서 넷으로 나눌 수 있는 특징이 있다. 이 장단은 박진감이 있는 3분박으로 강약이 자연스러워 많은 사람들에게 감동을 준다. 아, 대~한민국 짝짝 짝 짝 짝이 박진감 있게 다가온 이유가 여기에 있다. 손뼉을 치며 태극기를 흔들고 박진감 있는 응원에 심취했던 우리들의 신명은 이제까지 역사에서 맛보지 못했던 거대한 에너지로 온 세계에 알려졌다.

누가 뭐라고 말하지 않아도, 열광 속에서도 질서가 정연한 수백만 명의 힘찬 행동은 세계 어느 국가, 어느 민족도 해내지 못한 새로운 동력動力이다. 누가 광장에 모이라고 부르지도 않았다.

일정한 지휘자도 없었다. TV의 대형화면에서 비춰주는 선수들의 운동하는 모습을 보고 열광하고, 분통을 터뜨리고, 아쉬워하는 모습에서 우리들의 힘과 염원은 하나로 뭉쳐졌다. 물론 지금까지 신명나는 일이 없었다. IMF 이후, 경제 난국을 헤쳐가면서 많은 사람들이 좌절과 소외감을 느꼈고 세상에 태어난 것을 저주스럽게 생각했다. 정치가 죽을 쑤니까 온통 우리들은 어둠속에 갇힌 것 같았다. 전후좌우를 돌아보아도 신나는 구석이 한곳도 없었는데 유독 우리 선수들이 16강, 8강, 4강으로 겉잡을 수 없는 승리를 쟁취하는 것을 보고 가슴이 후련하고 신명나지 않을 사람이 어디 있으랴?

유럽이나 미국 선수들에 눌려 한 골만 넣어도 체면이 선다고 생각했던 우리가 세계 축구의 정상에 우뚝 서는 것을 보고 신나지 않을 사람이 어디 있겠는가? 신명만 있으면 겁날 게 없다. 힘든 일도 모두 해낼 수 있는 용기가 바로 신명에서 생긴다. 장하다 대한민국, 정말 잘했다. 우리 선수들, 그러나 이제 축제는 끝났다.

지금부터는 예술에 신명을 쏟아 붓자. 국가도 창작예술에 지원을 아끼지 말아야 한다. 축구경기에 쏟아 부운 돈의 백분의 일이라도 투하投下하여 우리가 간직한 신명을 창작예술에 쏟아 부울 수 있도록 도와줘야 한다.

그 길만이 우리 민족의 영생永生과 대한민국의 우뚝함을 세계에 알리게 된다. 짝짝 짝 짝 짝.

문화, 무엇이 문제인가

각 정당에서 대통령을 해보겠다는 사람들이 나서서 처음 도입된 국민 경선제를 진행하고 있다. 새천년 민주당에서는 국민경선을 벌써 반 정도 진행하면서 여러 가지 문제점도 드러냈다. 후보들간의 첨예한 대립은 보기에 아슬아슬한 위기감까지 느끼게 한다. 후보자들의 공개된 토론에서 주로 다루어지는 문제들은 정치, 경제, 사회에 관한 문제들인데 문화에 관한 것은 눈을 씻고 보아도 없다. 한 나라의 대통령이 돼보겠다고 나선 사람들이 문화에 관하여서는 모두 불감증에 걸린 것 같다.

어떤 후보는 정계를 개편해서 새롭게 판을 짜겠다고 기염을 토하고 또 한 후보는 정계개편의 위험성, 조급성을 지적하면서 급진개혁은 좌파성향의 정치구상이라고 열을 올리는데

한 후보는 두 사람의 주장이 모두 옳지 않다고 나무라고 있다. 그러나 이 사람의 표가 가장 적은 것을 보면 국민경선에 참여한 대의원들에게 먹혀들지 않고 있는 것 같다. 또한 야당은 보수 논쟁에 불을 붙이고 있다.

우리나라의 모든 정치인들은 표를 얻을 때는 우리 사회의 발전 축軸이 정치 · 경제 · 사회 · 문화에 달려 있다고 외치면서 이 네 기둥이 나라를 떠받치고 있다고 말한다.

정치의 발전은 경제발전에서 찾을 수 있고, 복지국가 복지사회로 발전시켜야 하며 문화국가를 건설해야 한다고 입을 모은다. 입뜬 정치인은 누구나 이렇게 외치고 다니면서 표를 얻고, 급기야 당선이 되면 남는 것은 정치와 경제, 사회 부문에 관하여 말할 뿐, 문화 부문은 슬그머니 빠져 버린다. 지금까지의 정치 이슈에서 정치 · 경제 · 사회 · 문화가 단골 메뉴로 등장했는데 집권당의 이번 대통령 후보 경선에서는 아예 문화란 말은 찾아 볼 수 없다. 정치논리와 경제논리에 문화가 밀려난 증거가 아닐 수 없다.

정치는 권력이란 강력한 배경이 있고, 경제는 돈을 배경으로 한다. 사회문제는 이해당사자들의 목숨을 건 주장으로 여차직하면 데모를 하거나 파업을 해서라도 관철시킨다. 그러나 문화는 그렇게 하지 못한다. 기껏해야 언론을 통하여 주장을 펴 보지만 정치 · 경제논리에 밀려 흔적 없이 사라진다. 현실은 이런데도 힘있는 경제인들은 문화란 말을 입에서 떼지 않고 문화국가, 문화시민, 문화 발전을 얘기하고 있다.

기막힌 일이다. 문화에 대한 관심은 내심 접고 있으면서 문화란 말을 제일 많이 쓰는 사람들이 문화발전을 저해하고 있다. 그리고 그들은 문화란 말을 편의에 따라 사용하는 몰염치한 사람들이다. 그들은 문화를 장식품으로 여기는 대표적인 사람들이다. 문화의 힘이 어떤 것인지 알려고도 하지 않으면서 입으로만 문화란 말을 쓰는 사람들이 정치의 핵심에 앉아 있는 이상 우리나라의 문화발전은 산에 가서 물고기를 구하려는 것과 같다.

문화는 정신적 가치체계를 확립해 준다. 그리고 물신주의物神主義에서 우리를 해방시켜 준다. 고상高尙한 삶을 영위營爲할 수 있게 잡다雜多한 세속世俗의 이해관계에서 우리들을 자유롭게 만들어 준다.

문화의 힘은 올바른 역사의식과 발전방향을 명확하게 제시해 준다. 마치 등불과 같다. 이치가 이러한데도 등불을 내던지고 어둠 속을 방황하려고 자청自請하는 대통령 후보경선에 뛰어든 분들께 말하고 싶다.

빨리 문화란 등불을 찾으라고-. 그리고 문화발전을 위하여 먼저 정견政見을 가다듬어 달라고 부탁한다.

문화는 결코 정치와 경제의 부속물이 아닌 독자적獨自的인 「발전 양식樣式」이다. 우리나라의 미래는 문화 발전 양식의 틀에 따라 결정된다는 사실을 안다면 정치가 결코 문화를 홀대 하지는 않을 것이다.

시심詩心과 정치

글을 쓰면서 자연스럽게 눈을 뜬 게 문화란 영역에 대한 관심이었다. 글이 곧 문화를 형성하는 주춧돌 구실을 하기 때문이기도 했지만 문화계의 형편이 하도 딱하여 문인들이 굶어 죽기 직전에 놓여 있었기에 나도 죽지 않으려고 어떻게 하면 그런대로 살아 남을 수 있을까 생각한 것이 문화계에 떠오르는 문제에 대하여 관심을 갖게 되었고, 살아남기 위하여 지금까지 문화운동을 해왔다.

우리나라에서 문화운동은 죽지 않으려는 생각, 생존의식生存意識을 앞세우지 않으면 생각할 수 없었다. 그만큼 문화계文化界는 열악한 환경에 처해 있었고 문화예술인은 허리띠를 졸라매면서 살아남았다. 이런 비참한 형상을 그려낸 만화가 신문에 실리면 문화인의 모습은 참으로 초라하기 짝이 없었다.

춥고 배고픈 모습, 마른 북어처럼 삐쩍 마른 모습에 어깨가 좁고 등이 굽은, 금방 넘어질 듯한 모습에 머리 위에는 베레모를 얹어 놓았다. 이런 비참(?)한 모습이 우리나라의 문화인의 모습이었다. 그때마다 우리들은 울분을 토로했고 세상을 원망했으며 위정자들을 힐난했다. 그래도 아무런 대책이 없었다.

문화에 대한 불감증이라고 우리들은 말했지만 사실은 먹고 살기 어려운 때, 무슨 사치스런 문화타령이냐고 오금박는 사람도 있었다. 나라에서는 문화에 대한 관심은 아예 없고 경제 살리기, 먹고 사는 문제에만 매달렸고 국민소득 1만 달러 시대가 돌아오면 문화는 자연스럽게 해결된다는 말로 우리를 위로했다.

1970년대 이후, 그런 대로 먹고 살게 되니까 문화에 대한 관심이 일었고, 정책도 문화에 대하여 눈을 돌려 문화관계 입법立法이 심심찮게 이루어졌다. 반가운 일이었다. 그러나 문화담당자들은 전문지식이 없어서 당황했고 시행착오를 일으켜 문화정책이 도리혀 문화발전을 가로막는 결과도 있었다.

동산문화재動産文化財가 수도 없이 도난당하고 사찰문화재寺刹文化財는 현황파악조차 제대로 못하고 있다. 중앙박물관 소장 유물도 정리나 등록이 전부 이루어지지 않고 보수가 시급한 문화재마저 방치된 채 예산 편성만 했다. 신속히 보존

처리해야 될 유물을 그대로 놓아두면서 인력人力이 없다고만 말했다. 참으로 부끄러운 일이다.

입으로만 문화文化에 대하여 말하면서 실제로는 문화를 돌보지 않는 기막힌 사례가 된다. 이런 상황 속에서 창작예술創作藝術에 대한 정책은 있을 수 없다. 문화예술인, 특히 시인이나 소설가, 비평가, 수필가들은 먹고 살기 힘들어 밥꺼리를 찾아 헤매는데 이 나라를 놀라게 할, 그리고 세계를 깜짝 놀라게 할 만한 작품을 구상하거나 집필할 형편이 아니었다. 우리 문화재를 말끔하게 보존 처리하고 세계에 내놓고 자랑하면서 창작예술에 대한 관심을 국가가 갖는다면 문화입법文化立法, 문화제도文化制度에 밝은 전문가들이 필요하다.

최근 어떤 정치인이 대통령이 되려면 시심詩心이 있어야 한다고 말했다. 오랜만에 듣는 반가운 말이다. 시심詩心을 가진 대통령이 우리나라를 다스린다면, 대통령의 결단에 의하여 우리의 문화예술文化藝術은 한층 높게 발전할 수 있을 것이다.

낮에는 정사政事를 돌보다 밤이면 시를 읊고 흥이 겨워 무릎을 치는 대통령, 문화유산과 창작예술에 관심을 보이는 대통령이 난다면 우리 문화의 장래는 환해질 것이다. 우선 그런 대통령의 취임사에도 사람들을 감동시킬 시귀詩句가 들어 있을 테니 말이다. 문화는 정치가 관심을 보여서는 정말 안 되는 분야分野인가? 정치인들에게 묻고 싶다.

지식인의 설자리

프랑스의 문호 에밀 졸라는 〈목로 주점〉 등의 작품을 통해 혁명 직후의 프로레타리아의 참혹한 삶을 낱낱이 고발했다. 이로써 그는 작가로서 명성도 얻고, 사회적 진실과 정의, 그리고 양심을 가진 지식인으로 추앙 받고 많은 사람들의 존경도 받았다.

졸라는 1898년 1월, 「나는 고발한다」라는 제목의 글을 프랑스의 잡지 《Aurore(여명)》에 기고했다. 이 글은 양심의 이름으로 쓰여진 작품으로, 군부의 부정을 고발하는 내용이었다. 프랑스의 포병대위였던 드레퓌스는 유대인이란 이유로 적에게 군사 기밀을 빼돌린 간첩으로 몰려 종신형을 선고 받고 악마의 섬으로 지칭되던 프랑스령 기아나의 감옥에서 옥살이를 하고 있었다.

"드레퓌스의 결백을 주장합니다. 작가생활 40년과 필생의 작업으로 얻은 모든 것을 걸고 그의 결백을 선언합니다. …군사법정을 고발합니다. 증거를 비밀로 가린 채 유죄판결을 내려 인권을 침해했음을 고발합니다. …나의 행동은 진실과 정의의 폭발을 재촉하는 혁명적 조치입니다. 나의 불타는 항의는 내 영혼의 외침입니다."라고 졸라는 주장하였다. 사실을 고발하는 진실이 붉은 피처럼 뚝뚝 떨어지는 글이었다. 누가 읽어도 숨을 쉬고 여유를 가질만한 것은 아니었다. 에밀 졸라는 자신과 이해利害 관계가 없는 한 사람의 억울함을 만천하에 밝혔다. 엄청난 박해와 빈축, 자칫 잘못하면 작가로서의 명성도 묻혀버릴 수 있다는 절박한 생각을 했기 때문에 작가생활 40년과 필생의 작업으로 얻은 모든 것을 걸고 이 말을 한다는 것도 잊지 않았다.

그야말로 명예는 물론 목숨까지 건 결단이었다. 그 결과 에밀 졸라는 무고죄로 유죄판결을 받았고 생명의 위협을 느껴 망명까지 해야만 했다.

그러나 마침내 프랑스는 진실과 양심을 되찾았고 졸라는 영웅들의 무덤인 판테온 만신전萬神殿에 묻히는 영광도 얻었다.

명예와 목숨을 걸고 불의不義와 싸운 양심적인 사람들을 지식인이라 불렀고, 이를 에밀 졸라가 제일 먼저 해냈다. 지식인들의 사회참여를 앙가주망이라 말했고 프랑스 지식인들의 앙가주망 전통을 철학용어哲學用語로 정착시킨 사람이 장 폴

사르트르다. 정의正義롭지 못한 현실에 스스로를 던져 넣는 일종의 자기구속을 통해 인간이 이로써 자유로운 존재가 된다는 사르트르의 주장은 제2차 세계대전 후 각국의 지성인들에게 큰 영향을 미쳤다. 지식인이 주저없이 바른 말을 하는 사회, 그런 사회가 올곧고 바르게 발전한다는 의미를 지닌다.

6 · 25 이후, 우리 문단에 불어닥친 참여문학론도 사르트르에서 기인起因되었다. 80년 대까지 왕성하게 논의되던 민중문학론도 따지고 보면 문학판의 주류가 여기에 근거하고 있었음을 알 수 있다. 90년대 이후 국내 정치의 민주화와 국제 사회주의권(구 소련과 그 위성국)의 몰락으로 정치적, 이데올로기적 추동력을 잃어가는 듯 하지만 아직도 논쟁의 핵심에서 벗어나지 못하고 있다. 개혁과 혁명을 부르짖고 자신들을 혁명적 열정으로 무장된 사람으로 자부하면서 코드 맞추기, 선전 중시, 언론 투쟁, 정치 훈련, 이론 세우기 등은 마지막 싸움을 위한 준비의 성격을 띠고 있는 것 같다.

급류急流를 타고 흐르는 물은 힘은 있으나 위험하다. 지식인의 행동은 혁명적 발전보다 이성적 정열을 중시重視하면서 올바른 사회를 건설하기 위한 발언을 계속하는 게 더욱 효과적일 수 있다. 지식인의 사회참여가 신선하고, 올바르지만 급진적 방법으로 간다면 부작용 또한 만만치 않다. 그렇다고 침묵으로 일관하는 지식인은 비겁하다. 한때의 힘에 밀려, 복지부동伏地不動하는 사람도 있겠지만 이는 지식인의 태도가 아님을 스스로도 이미 알고 있는 일이다. 타협과 합의, 이성을 근거로 한 토의가 전제되어야 한다. 제도와 법을 바꾸는데 가장 중요한 것은 민주적 절차란 것을 잊어서는 안된다. 여기에 지식인의 설자리가 있음을 알아야 한다.

꽃과 사람, 그리고 문학

꽃과 사람, 그리고 문학

여의도 윤중제에 벚꽃이 흐드러지게 피었다. 아름다운 이 꽃을 보려고 많은 사람들이 모여든다. 꽃의 축제, 이른바 여의도 벚꽃 축제가 열렸다.

사무실에서 내려다 보이는 한강은 참으로 아름답다. 해마다 맑기를 더해, 이제는 물고기들이 많이 서식하기 때문에 낚싯대를 드리운 한가로운 경치를 유리창을 통하여 보게 되었다. 한강 되살리기 운동에 쏟아부은 돈의 액수를 따지면 엄청날 것이란 생각을 하면서도 우리들이 살아갈 환경에 관심을 가져주었던 당국자들의 선각先覺이 없었다면 맑고 깨끗한 한강을 볼 수 없었으리란 생각을 갖는다. 한강을 아름답게 가꾸기 위하여 둑을 쌓고 흐르는 물과 둑 사이에 둔치를 두어 사람들이 자유롭게 내왕할 수 있게 만든 것은 참으로 잘한 일이다. 그 둔치에는 각종 운동시설을 갖춰 사람들이 이용하게 만들었다. 지금도 많은 청소년들이 열심히 체력단련을 하고 있는 모습이 보인다. 자연과 힘의 어우러짐이다.

아름다운 자연에서 열심히 살아가는 사람들의 모습은 얼마나 보기좋은가? 자연을 정복하지 않고 친화親和와 상생相生을 내세워 공존共存하려는 생각은 삶의 순리順理를 터득한 것이다. 자연을 바탕에 두고 과학적 실증實證에 의하여 체력을 단련할 만한 시설을 만들고, 그것을 이용하여 삶의 힘을 저축하고 활동하는데 쓰는 일은 생명을 가진 자들만이 할 수 있는 일이다. 자연과 사람이 함께 살아가는 모습이다.

사람은 이 지구상에서 가장 위대한 존재다. 때문에 만물의 영장이요, 지구의 지배자로 남는다. 그러나 이러한 견해는 오로지 사람편에서 본 것이요 자연의 순리를 따져 생각해보면 지금 벚꽃축제가 벌어지고 있는 여의도 둔치에 피어있는 꽃과 같은 게 사람이기도 하다. 사람은 진정 이 세상을 아름답게 만들 수 있는 한송이 꽃이다.

꽃과 사람, 꽃이 사람이 되고 사람이 꽃이 되는 세상에 산다면 40도에 육박하는 폭염과 사막의 모래바람에서 견딜 수 없는 고통을 참아내며 서로 죽이고 죽는 이라크 전쟁도, 굶주림과 학대, 정치적 박해 속에서 힘없이 타들어가는 촛불처럼 목숨을 부지하는 비극도 일어나지 않을 것이다.

착하디 착한 눈매, 부드럽고 윤기나는 피부, 여울 속에서 돌돌 소리내는 물소리처럼 아름다운 말소리, 그리고 한없이 남을 배려하는 넉넉한 마음, 자신의 희생만을 생각하는 많은 사람들이 흙을 밟고 살아가는 세상에서 사람들이 꽃이 아니고 무엇이랴, 사람은 흙에 발을 딛고 피어난 꽃이다.

나는 가끔 개나리꽃이 되는 꿈을 꾼다. 목련도 되고, 장미도 되고 벚꽃도 되는 꿈을 꾸며 살아간다. 그러면서 그 꿈속에서 끈끈하게 흐르는 진액 같은 체험의 실체를 글로 옮겨 놓는다. 끈끈하기도 하고 꿀맛같이 달기도 하고 때로는 소태처럼 쓰기도 하다. 이런 것들을 꼼꼼하게 글로 옮기는 작업이야말로 문학이 아니겠는가?

문학이야말로 글자로 이루어지는 정신의 꽃이다. 사람이 만들어내는 문학이란 지성知性의 꽃에는 진정한 삶의 체험이 들어있고, 세상을 움직일만한 큰 생각이 들어있고, 우리들의 고통을 즐거움으로 바꾸어 낼만한 힘이 들어있어야 한다.

사람이란 꽃, 그 꽃이 만들어내는 문학이란 또 하나의 꽃이 손잡고 공존共存하는 세상은 바른 정서와 교감交感이 원활한 소통을 이루고 삶의 지혜와 성찰省察이 샘솟는 물처럼 흘러 넘쳐 온통 세상을 아름답게 만들 것이다. 꽃의 아름다움과 사람의 아름다움을 문학이라 생각해 보자. 그리고 문학의 역할은 무엇일까 생각해 보자.

2003년을 보내며

문화단체의 일이란 똑 소리 나게 맺고 끊는게 없다. 지지부진이란 말 그대로다. 처음이 어디고 마지막이 어디인지 모를 일들이 많아서 세칭 골치 아프고, 머리 아픈 곳이 문화단체란 말이 있다. 펜클럽 일도 마찬가지다. 난마亂麻와 같이 얽혀있던 펜의 업무를 맡고 하나하나 정리하기 시작한 것이 이제는 그 결실을 보는 것 같아 기쁘다.

첫째는 회장 단임제를 이루어내기 위하여 정관을 개정한 일이다. 첫해에 회장 단임제로 정관을 개정하기 위하여 총회에 안건을 상정했다가 혼쭐이 났다. 무조건 그대로 놔두라는 것이었다. 비유하기는 좀 적절치 않다고 생각되지만 벌떼처럼 일어나 반대했기 때문에 정관개정은 무산되고 말았다. 다음 해 총회 때 기어이 개정안을 상정하여 통과시킨 일은 지금 생각해도 잘한 일이었다. 모든 문화단체가 회장의 연임 때문에 문제가 생기는 것을 많이 보아왔기에 결심한 일이었다.

둘째는 한국 펜클럽이 전국 15개 시 · 도와 외국에까지 지역위원회를 설치하고 각 지역 특성에 맞게 펜운동을 펴나가도록 한 일이다. 지역위원회마다 회지가 나오고, 세미나가 열리며 지역 펜문학상이 주어지는 일은 펜의 활성화와 민주화를 위해서는 꼭 필요한 일이었다. 선거 때, 투표하는 것으로 회원의 의무를 다했다면 펜회원은 한심하기 짝이 없는 일이다. 이 방침이 주효하여 이제는 지역간 선의의 경쟁으로 문학운동이 확산되고 있다.

셋째는 숙원이었던 한국펜을 법인으로 만든 일이다. 국제단체가 법인이 될 필요가 없다는 문화관광부의 견해를 설득하고 이해시켜 사단법인으로 허가를 받았다. 법인으로 개편되었기 때문에 큰 이익을 얻게 되었고 대외적인 공신력을 확보하게 되었다.

넷째는 기업과 문학의 만남을 염두에 두고 펜문학상 기금을 쾌척해 줄 곳을 물색하여 1억원의 기금을 확보한 일이다. 앨트웰이란 중견기업이 선뜻 우리의 뜻에 동의해 줘 기금이 입금되고 그 과실금으로 앨트웰 펜문학상을 시상했다. 권위와 명예를 자랑하는 문학상을 하나 더 만들었으니 그 혜택은 회원들의 차지가 될 것이다.

다섯째는 문화예술인들의 열악한 복지문제를 해결하기 위

하여 한국문화예술인 복지조합 설립안이 第16대 대선에서 한나라당 대선공약으로 채택된 일이다. 비록 한나라당이 집권에 실패하여 실현되지는 못했지만 예술인들의 복지문제를 정치계에서 논의하게 되었고 그들과 함께 공감대를 형성한 것은 앞날을 위하여 아주 좋은 일이다. 그 증거로는 복지조합 설립이 다시 한나라당의 내년 총선 공약으로 채택되어 전국 어디서나 국회의원 입후보자들이 이 문제를 논의하게 될 것이다. 예술인들의 생계와 복지문제가 정치적 이슈로까지 발전될 전망이다. 국회의원들이 예술계의 사정을 몰라 관심 밖에 있었지만 이제부터는 정치권에 문제를 넘겨주어, 우리들의 주장을 펴나갈 수 있는 길이 열렸다.

여섯째는 문예진흥원의 기금성 지원금 5천만원의 원상회복을 올해 11월에 완료하여 펜의 위상을 높인 일이다. 전 집행부의 잘못으로 용처用處가 분명찮게 없어진 지원금을 적립하여, 진흥원의 감사에서 밝혀진 부분을 메꾸었다. 이 일은 문화단체에서는 최초로 벌어진 일이었고 진흥원의 원상회복 조치를 이행함으로써 문인들의 위상을 높였다. 이는 특별기금을 부담해준 회원들의 힘이 컸기에 협조해 주신 여러분들께 감사드린다.

또한 아시아 펜대회와 국제문학교류센터의 예산 확보가 눈앞에 다가온 것처럼 길이 보이기 시작한 것이다. 지성이면 감천이란 말이 있듯 옹색한 펜의 살림이 이제부터는 좀 늘어날

기미가 보인다.

돌아오는 2004년에는 운수대통運數大通, 우리의 뜻대로 모든 것이 잘되었으면 하는 소망이 크다. 함께 힘을 합쳐 펜의 발전을 기대해 보면서 2003년을 마무리하는 마음이 착잡하다.

문학을 도와주는 기업

우리 펜클럽에 문학상을 제정하라고 선뜻 1억원을 내놓은 기업이 있다. 이 기업은 우리나라에서 손꼽는 대기업도 아니다. 중소기업에서는 선두先頭에 서 있는 기업이지만 경영인이 문학을 이해하고 특히 애정을 가진 까닭에 이 기업의 이름을 딴 문학상을 펜클럽에서 해마다 주게 되었다. 다행스런 일이다. 원래 문학과 예술은 도움을 받지 않고 혼자 해내기란 어려운 일이다. 때문에 우리보다 잘 산다는 서양에서도 예술활동을 도와주는 기업이 많이 있고, 특히 돈을 많이 가진 부자들이 창작 예술인들에게 기부를 해준다. 돈을 가진 부자들이나 기업가들이 창작 예술인들에게 기부한다는 일은 우리나라에서는 생소한 일이었다. 그러나 80년대 이후 한국에서도 메세나 운동이 일어났고 대기업들이 발기인으로 참여하면서 예술인들을 도와주었지만 기억할 만한 기부행위는 없었다. 예술인들은 구걸하다시피 기업주에게 매달렸고 그들은 마지못해 얼마씩 내놓는 형식이었다면 잘못된 표현일까?

일은 이러했지만 문학분야에서는 이런 혜택도 받아보지 못했다. 대개 공연예술이나 미술 쪽에 관심을 가진 경영인이 많았기 때문에 문학분야는 소외를 당했다. 소외당하면서도 문학계에서는 어디 하소연조차 할 수 없었다. 문학이 예술을 주도하지만 인접 예술인들조차 백안시白眼視하는 경향이 있었기 때문에 우리나라에서는 예술의 주류主流를 문학이 장악하지 못한 까닭도 있었다. 문학이 푸대접 받는 시대에는 다른 예술도 크게 발전하지 못한다는 것을 뻔히 알면서도 밥그릇 싸움만 한 꼴이었다. 이런 사정 때문에 예술단체 중, 문학단체가 제일 가난했고 배고팠다. 배고프고 가난하면 말은 많은 법. 대표적인 문학단체들이 쓸 데 없는 입씨름이나 공연한 말싸움에 휘말려 얼마나 고생했던가?

모두 생각해보면 아득하기만 하다. 그러나 세상이 모두 냉냉하지만은 않았다. 문학을 이해하는 기업가가 있고 경영인이 한사람씩 차츰 는다면 시인이나 작가들도 온당하게 세상에서 대접을 받을 것이다. 이번에 우리 펜클럽에 상금에 보태라고 1억원의 기금을 내주는 것도 한국문학을 사랑하고 우리 작품에 매력을 느꼈기 때문에 가능하다.

최근 우리 문학계에는 여러 가지로 흥미로운 조짐이 보인다. 우리 문학을 대표할만한 작가들이 왕성하게 창작을 해내고 그런대로 여러 기관에서 번역을 해서 외국에서 출판하는 것을 보면 곧 노벨상이라도 탈만한 소식이 올 것이란 기대도 갖는다. 그뿐인가. 동양에서도 대표적인 나라를 한韓·중中·일日 세 나라로 친다면 노벨상을 타지 못한 나라는 우리나라뿐이다. 그러나 상을 타지 못한 이유가 작품의 질이 모자라서가 아니란 결론이고 보면 우리의 문학수준도 일본이나 중국에 결코 뒤지지 않는다. 상황이 이러하면 자연스럽게 상을 탈만 한 국가로 한국이 부상할 것은 틀림없다. 사리事理가 이렇게 돌아가고 환경이 모두 우리나라에 유리하게 펼쳐진다면 세계의 주목注目을 받지 말란 법이 없다.

이런 마당에 한국문학의 외국소개를 주 업무로 하고 있는 펜클럽에서 작품창작의 경쟁적 계기를 마련할 수 있는 문학상을 만들어 시상한다면 우리나라의 창작문학계의 활력이 될 것은 뻔하다.

우리 펜클럽에 시상기금을 내놓은 기업은 아주 적절한 시기에 문학인을 돕게 되었다. 그리고 그 파급효과가 어느 때보다 크게 나타날 것이란 예감도 든다. 기업이 작고 큰게 문제가 아니다. 우리의 문학과 예술의 장착이 지금 위축된다면 앞으로 우리들은 내놓을 게 없다. 역사와 전통을 자랑한다면 문화적인 실체, 즉 내용이 많이 있어야한다. 훌륭한 작품을 많이 창조할 수 있는 분위기를 만들어주는 게 가장 좋은 지원방

법이다. 그러나 정부나 기업 모두가 예술의 창작지원, 특히 문학분야에는 모르쇠로 일관하며 귀를 막고 있다. 이런 기막힌 상황에서 펜클럽에 활력을 불어 넣는 시상기금을 주었기에 더욱 고맙다.

감사의 말씀

가끔 지하철역에서 화장실에 갈 때가 있습니다. 그때마다 소변기 앞에 서면 「한 발짝만 앞 서 주세요」란 말이 있는가 하면 「아름다운 사람은 떠난 자리도 아름답습니다」란 표어가 있습니다. 그 글을 보는 순간 나는 머리를 끄덕이면서 소변기를 향하여 한 발짝 앞서서 용변을 보거나, 용변 후 주변을 살펴 보며 혹시 내가 화장실을 더럽히지 않았나 살펴 보는 버릇을 갖게 되었습니다. 순전히 표어 덕분이었습니다.

일상으로 날마다 화장실에 가면서도 규칙을 지키지 않으면 화장실 안은 엉망이 되고 공중위생은 지켜지지 않아서 많은 시민들의 눈살을 찌푸리게 됩니다. 그런데도 우리들은 주의력을 잃고 화장실을 더럽게 쓰고 있습니다. 규칙을 지키지 않는 불성실성이 있거나, 아니면 내가 안 지켜도 된다는 안이한 생각이 사회의 질서를 어지럽히고 화장실 문화를 엉망으로 만들게 하는 동기가 됩니다.

나는 4년 전에 펜회장직을 맡으면서 두 가지 결심을 가졌습니다. 첫째 나는 회장직을 절대로 연임하지 않겠다는 것이었고 둘째는 단체를 소리나게 운영하지 않겠다는 것이었습니다. 2005년 2월, 나는 한국 펜회장직을 물러나면서 이 두 가지 약속을 스스로 지켜냈다고 확신합니다. 회장직을 연임하기 위하여 온갖 추태를 부리거나 부당한 일을 하지 않고 당당하게 직무를 치러냈습니다. 그리고 난마와 같이 얽혀 시정잡배市井雜輩들의 아우성소리처럼 들려오던 회원들의 이해관계를 원만하게 조정했습니다. 지난 10월, 많은 회원들이 회장직을 연임해서 펜클럽의 위상을 더 공고하게 다지고 벌려 놓은 일을 마무리하라고 전화로, 또는 편지로 말해왔으나 단호하게 이를 거절하고 지금 원만하게 진행되는 선거업무를 감독하고 있습니다.

한국의 대표적인 문학단체가 회장 단임제 정관을 채택한 일도 처음이거니와 이 결정이 다른 단체에도 파급되어 회장직의 단임제가 이루어지고 있습니다. 또한 단체마다 시끄러우면 안 되겠다는 생각이 봄비에 옷 젖듯 많은 사람들의 공감을 얻어 대소 단체들이 조용하게 운영되고 있는 것을 실감하셨을 것입니다.

나는 어려운 고비를 넘길 때마다 남보다 한 발 앞서서 생각하고 상대를 배려해서 주변에서 큰소리가 들리지 않도록 노력해 왔습니다. 그리고 너절한 흔적을 남기지 않고 모든 사람들이 아쉽다고 생각할 때 떠나려고 준비했습니다. 이게 모두 지하철 공중에서 얻은 교훈을 거울로 삼았기 때문에 가능 했습니다. 회장직을 연임해서 떠나지 않으려고 생각 했다면 시원한 용변用便을 못보고 쩔쩔매는것과 같았겠지요. 더 오래 남아서 회장직을 고수하려고 했다면, 숱한 후배들에게 떠밀려 날 것이 분명합니다. 나는 이런 추악한 꼴을 사전에 차단하고 후배들에게 회장직을 물려 줘야 한다고 생각했습니다. 내가 생각했던 일이 이제 눈앞에 다가 왔습니다. 아무런 후회도 없습니다. 다만 하던 일이 결말이 나지 않은 게 있습니다만 후임 회장이 열심히 해나갈 것이란 생각을 갖습니다. 한국펜이 세계펜의 권위와 위상을 흠집내지 않겠다는 생각만 있다면 하던 일을 중단할 수 없을 것입니다.

국내와 해외에 조직한 지역위원회가 모두 활발하게 제자리를 찾아가고 있습니다. 그리고 확고부동하게 펜헌장에 입각한 문학운동을 전개하고 있습니다. 자유와 양심을 앞세워 문학인으로서 모든 성취를 이루려면 펜클럽의 깃발아래 굳게 단결하는 일만 남았습니다. 부득이했던 일, 미처 챙기지 못한 곳에 시원한 바람이 없었어도 또한 따뜻한 햇볕이 쏘이지 않은 곳이 몇 군데 있더라도 너그러히 보아 주시기 바랍니다. 떠나는 자리를 아름답게 만들고 싶습니다.

부디 회원 여러분 건강하시고 보다, 큰 발전을 이루시기 바랍니다.

2부

해방 60년, 을유년乙酉年의 결의

2004년을 보내며

주목과 같은 사람은 없을까?

펜클럽, 팬클럽, 주의력

한 번 더 사랑한다고…

따뜻하게 사는 마음

지혜의 주인이 되는 문학

문화적 자존심

미국 동부지역 펜 창립

4년 단임제單任制의 의미

해방 60년, 을유년乙酉年의 결의

닭이 울면 새벽이 멀지 않다. 곧 날이 샌다. 희부연 빛깔이 동쪽에 자리한 창문에 내려 앉으면 머지 않아 장엄한 아침해가 뜬다. 아침해가 뜨면 모든 사람들이 부지런히 일을 하기 시작한다.

2005년은 닭의 해다. 12지支 10간干으로 따지면 을유년乙酉年, 우리 민족이 일제의 사슬에서 풀려난지도 꼭 60년이 되는 해. 60년이 되면 환갑이라 해서 크게 기념한다. 해방 60년을 맞는 올해에는 문학도 문화도 성숙하여 후대에 자랑스런 유산을 넘겨 주어야 한다.

우리나라에서 닭은 신라의 시조설화에 등장한다. 〈삼국사기〉와 〈삼국유사〉에 보면 김알지의 탄생에 닭이 깊이 간여하고 있다. 신라왕이 어느날 밤에 금성 서쪽 시림 숲 속에서 닭의 울음소리가 나는 것을 듣고 호공을 보내어 알아보니 금빛의 궤가 나뭇가지에 걸려 있었고 흰 닭이 그 아래 울고 있었다. 그래서 그 궤를 가져다 열어보니 궤 안에 사내아이가 들어 있었는데, 이 아이가 경주 김씨의 시조가 되었고 그 뒤, 숲의 이름을 계림이라고 하였으며 신라의 국호로도 쓰였다는 기록이 있다.

또한 〈동국세시기〉의 기록에는 정월달에 닭과 호랑이를 그려 벽에 붙여 놓으면 액을 막는다고 한다. 닭은 새벽을 알리는 동물로 닭의 울음소리는 귀신을 쫓는 벽사의 기능이 있다고 했다. 또한 상원일上元日에 닭이 열 번을 울면 풍년이 든다고 믿어 왔다.

2005년은 닭의 해이다. 이미 첫닭의 울음소리가 들렸다. 해방 60년을 기점으로 우리 문화의 앞날을 점치고 발전의 징후를 찾아 힘껏 도약할 때가 되었다. 바로 21세기가 시작된지 4년이 지나고 한해가 또 시작되었다. 새벽닭이 울면 모든 잡귀가 닭울음에 밀려 달아나고 광명천지光明天地, 문화의 터전이 한껏 열린다. 귀신을 쫓는 닭울음소리가 열 번을 넘기면 풍년이 든다는 닭의 해가 돌아 왔다. 어둡고 음습하던 과거를 깨끗하게 씻고 힘차게 발맞춰 나가야 한다.

조각난 국론國論과 권력의 줄세우기, 코드 맞추기, 밀어내기, 미숙한 정책과 실패, 쓸데없는 이념논쟁, 국가보안법 폐지 주장, 이에 맞서는 강경 투쟁방침의 천명, 밤낮 아귀다툼만 하는 모든 이들에게 닭의 울음 소리를 열 번도 스무 번도 더 들려주자.

닭 울음 소리에 모든 잡귀가 물러나듯 말끔하게 씻긴 광명천지를 맞기 위하여 올해에는 우리 모두가 오순도순 두 손 맞잡고 새나라를 건설하듯 모두 땀을 흘려야 한다.

남산 밑에서도, 북악산 밑에서도 인왕산과 낙산 밑 모든 동네에서 힘찬 새벽닭의 울음소리를 들어보자. 가슴이 후련하다. 모든 잡귀들이 물러난 이 나라, 이 땅에서 정겹게 살아가는 꿈을 꼭 이루어내야 한다. 언제까지 1만불 시대에 주저앉아 서로 욕하고 침을 튀기면서 상대방을 얕잡아 보고 주먹질할 것인가. 이제는 주먹을 펴 손바닥을 서로 잡고 악수해야 한다. 서로 믿지 못하는 의심, 용서할 수 없는 노여움, 상대를 인정할 수 없는 오만방자한 행동을 이제는 접어야 한다. 이해와 격려, 화해와 상생이 넘치는 평화로운 삶을 찾아나서야 할 새벽이 지금 환하게 밝아 온다.

보라, 동녘에 떠오르는 햇덩이, 이글거리는 태양을 보라, 해방 60주년, 이제 민족이 하나로 뭉쳐 결단을 내릴 새로운 시대가 열릴 때가 되었다. 우리는 해방 60년을 결코 뜻없이 보내지 않았다. 이 60년 동안 우리들은 남이 600년에도 이루지 못할 여러 가지 큰 일을 이루어냈다. 슬기로운 민족, 배달겨레는 두 주먹 불끈 쥐고 내일의 행복을 설계하고 추구해가야 한다. 보무도 당당하게 희망찬 새해를 향해 걸어가야 한다. 허약해 보이지 않게, 못난이처럼 비실대지 않고 두 발을 대지에 힘있게 딛고 우리 문화, 우리 문학, 우리의 역사를 만드는데 앞장서야 한다. 우리는 무한한 힘이 있다. 그리고 지혜와 슬기, 노력과 정성이 모든 이의 가슴에 자리잡고 있다.

2004년을 보내며

2004년을 보내며

2001년 3월에 펜클럽 사무 인계를 받은 뒤, 4년간, 지금까지 달려 온 길을 돌아보면 한 마디로 힘들었다는 말 뿐이다. 더 할 말이 없다. 얽히고 설켰던 일들을 하나하나 풀어나가기 위하여 무척 고심했던 일들, 그 수많은 사건들(접어 두고라도). 이제는 그리 어려운 일이 없을 것 같다.

지금까지 추진했던 일을 회고해 보면 65세 이상의 원로 회원들에게는 회비를 면제했고 회원 상호간의 소식을 알리고 사무처의 공지사항과 펜클럽에서 추진하는 일을 회원들에게 알리기 위하여 〈펜뉴스〉를 창간했다. 또한 펜클럽의 투명행정을 위해서는 모든 일을 공개한다는 원칙을 세웠다.

2001년 7월 〈산업과 해양자원 및 관광을 통한 문학의 역할〉이란 주제로 정례세미나를 포항에서 개최했다. 이때 언론사의 세무사찰을 반대하는 성명서를 발표했다. 언론사의 세무사찰은 민주언론을 위축시키고 국민의 알 권리를 제약한다는 이유였고 이로써 지식인들이 정치권의 부당한 정략을 비판하는 선례를 남겼다.

사무실이 개인 이름으로 등기 되었던 것을 펜클럽 명의로 등기를 마쳤고 펜문학상과 번역문학상 기금을 5인의 관리위원회가 관리한다는 명목으로 세 사람의 연명으로 예금하고 새 집행부에 인계해주지 않았던 것을 펜클럽 명의로 찾아왔다. 이 일이 가장 힘들었다. 관리위원으로 등재된 명의권자들이 계속 펜문학상에 간여하겠다는 발상에서 출발했기 때문에 동기가 불순하기 짝이 없었다.

또한 문예진흥원에서 추진하던 통일문학 전집 간행을 반대했다. 그 이유는 작가와 작품선정 및 편집과정이 공정하지 못했고 북쪽의 작품선정에 있어서 부적절한 점이 많았기 때문이었다. 정치권의 강력한 입김이 문학인의 자유로운 창작활동과 사상의 자유를 제한하고 편집권에 관여하는 듯한 인상을 받았기 때문에 강력히 반대하여 관철시켰다.

2001년 4월 정기 총회 때 회장 단임제로 정관 개정을 시도했으나 연임제를 지지하는 회원들의 반대에 부딪쳐 부결되었다. 우리나라의 문학단체는 회장의 연임제 때문에 각종 부조리가 생기고 선거풍토가 어지러워지는 것을 경험한 나는 이를 반드시 관철시키겠다는 의지로 2002년 정기총회 때 다시

상정, 통과시켜 한국문단사에 있어 획기적인 일을 이루어내 많은 단체들이 회장 단임제로 정관이나 규약이 바뀌고 있다. 펜클럽이 선도한 좋은 본보기가 되었다.

펜클럽이 중앙에 단일조직으로 전국을 관할하기 때문에 회장의 독선과 회원들과의 사이에 불화가 그치지 않고 회장선거 때만 되면 각종 회유와 청탁으로 얼룩져 회원들 간의 친목은 뒷전으로 밀리게 되었다. 이를 해결하기 위하여 전국 16개 시도에 지역위원회를 조직했고 해외에도 위원회를 두었다. 그 결과 지금은 각 지역마다 펜문학이 발간되고 문학상이 주어지는 등, 지방자치단체의 후원으로 독자적인 활동무대가 열리게 되었다. 지역펜의 발전을 평가하여 해마다 시상하는 제도도 마련했다.

2001년 12월에는 〈문화예술인 복지조합〉 설립을 촉구하는 청원을 국회와 정부에 냈다. 문학인이 직업으로 분류되지 않아 각종 혜택을 받지 못하는 것을 더 이상 참을 수 없었다. 시인과 작가는 직업이 아니기 때문에 은행에서 신용대출도 받지 못하는 무직자로 분류되는 서러움, 일정한 수입이 없기 때문에 복지혜택에서 제외되는 서러움을 예술인들이 스스로 힘을 모아 단결하고 상부상조할테니 정부에서 기금을 출연해 달라는 내용이었다. 건국 이후 문화예술계에서 제 목소리를 낸 첫 사건이었다. 이와 함께 국제문학 교류센터를 설립해 달라고 정치권에 건의, 이 두 가지를 한나라당에서 대통령선거 공약으로 내놓았다. 정치권에서 문화계의 현안을 대통령 선거 공약으로 내놓은 것은 처음의 일이었다.

미국 LA와 워싱턴, 뉴욕 그리고 샌프란시스코에 지역위원회가 설립되어 활발히 활동하고 연변에도 설립이 추진되고 있다. 문예진흥원의 사무감사로 드러난 기금 5천만원 유용에 대한 건을 전 회장 김시철에게 원상회복을 통고했고, 그 결과 사과문을 받아냈다.

2003년 1월에 앨트웰(주)에서 기금으로 1억원을 출연받아 문학상을 제정했고 그 해 4월에는 경륜 · 경정법 개정에 대한 펜클럽의 입장을 정리하여 수익금의 일부가 문학예술에 배분하는 조건으로 개정되어야 한다고 성명서를 발표했다. 같은 해 4월에 이라크 전쟁을 반대하는 성명서를 발표했고, 6월에는 펜클럽의 숙원사업 중의 하나였던 법인허가를 문화관광부로부터 얻어 사단법인으로 개편했다. 9월에는 우리 민족의 정체성의 근원과 현재성을 밝혀보려고 〈디아스포라 아이덴티티, 그리고 문학〉을 주제로 재외동포재단과 공동으로 세미나를 개최했다.

10월에 「소설 제목도 저작권의 보호대상이 되어야 한다」는 성명서를 냈다. 이는 손장순 회원과 고원정 씨 간의 분규에 따른 펜클럽의 입장을 밝힌 것으로 언론의 호응을 크게 받았다.

또한 일본의 소설가이며 정치가인 이시하라 신따로石原愼太郎가 한국은 일본이 식민지가 되기를 스스로 원했다는 망언을 규탄하는 성명서를 냈고 2004년 5월, 전남지역위원회의 정관과 규정위반에 관하여 그들의 잘못을 사과한다는 문건과 관계자(박형철 외 20명) 전원이 정관규정에 따라 자진 사퇴로 사태를 원만하게 해결하였다. 2004년 8월 중국의 고구려사 왜곡에 대한 강력한 성명서를 발표했고, 11월에는 제 1회 재외동포 문학상 공모 작품집을 간행하였다.

펜클럽이 4년간 추진했던 사업을 중요한 것만 골라 기록해 본 것이다. 싸움과 비방, 회원간의 불목으로 어지럽던 단체가 아무 말 없이 순조롭게 운영되었다는 말을 들으면서도 한편으로는 몸둘바를 모르겠다.

4년간 영일없이 바쁘게 뛰어다닌 결과이긴 하지만 펜의 존립 목적인 인권단체로 발전해야 한다는 것과 표현의 자유를 지켜내고 인류문화의 보존과 발전에 헌신하는 단체로 제 자리를 찾아야한다는 신념에는 변함이 없다.

그래야만 UN인권위원회와 유네스코 등의 지원을 받는 단체로 자랑스럽게 남을 수 있을 것이란 생각이다.

또한 펜클럽은 한국문학의 국제화를 위하여 그리고 우리 문화의 우수성을 세계에 널리 알리는 일에 헌신해야 한다. 그리고 세계문학의 대열에서 뒤지지 않게 많은 작품을 외국에 소개하는데 주안점을 두어야 한다는 것도 잊어서는 안 된다. 펜클럽의 정상적 발전만이 한국문학의 위상을 높이는데 중요한 역할을 담당하게 될 것이다.

주목과 같은 사람은 없을까?

2002년, 새해를 맞으면서 나는 태백산 장군봉에 서 있는 주목을 생각했다. 천년을 살고 죽어서도 천년 동안 서 있다는 끈질긴 생명력을 가진 주목을 내 머리에 떠올리는 것은 무슨 까닭일까? 주목이 서 있는 태백산 정상에서 새해를 맞고 해가 떠오르는 장관을 보았으면 좋으련만, 그건 꿈만 같은 이야기이고……

동쪽에서 붉게 떠오르는 해를 보며 정상에 서 있었다면 산골짜기, 골짜기 마다에서 어둠이 물러나는 발자욱 소리를 들으며 눈부신 햇살이 사운사운 태백산을 뒤덮는 장관을 보았을 것이다. 새로운 감동, 지금까지 맛보지 못했던 감회를 가슴에 안고 나는 어떻게 처신했을까? 아마 모르긴 해도 나는 감격의 눈물을 흘리며 나를 돌아보았을 것이고 깊은 생각에

잠겨 말문까지 닫혔을 것이다. 자연의 큰 힘을 만나면 인간은 온통 외경의 무게에 짓눌려 스스로 작아진다. 자연 앞에 나서서 떳떳이 큰소리치는 사람은 없다. 자연은 그만큼 크고 힘이 있다.

인간도 주목처럼 천년 동안 높은 산에서 바람을 맞고 찬서리를 둘러쓰면서 살아 갈 수 있을까? 그리고 또 죽어서도 끄떡없이 천년을 버티고 서 있을 수 있다면 얼마나 좋을까? 나는 정월 초하루, 하루 종일 이런 생각을 하면서 새해를 맞았다. 참으로 2002년을 맞는 감회는 다른 해에 비해서 사뭇 달랐다. 신문을 들여다보았다.

대통령 선거를 예측하는 기사와 월드컵 축구시합에 얽힌 기사와 사진, 그리고 말띠 해에 관한 대담이 도배질을 하듯 꽉 차 있었다. 축구선수들이 공을 차는 멋진 폼이 큰 사진으로 인쇄되었고 대지를 내달리는 말발굽이 금방 소리라도 낼 듯, 힘있는 기상, 웅장한 모습으로 바람에 갈기를 날리며 달리는 사진이 실려 있었다. 모두가 힘이 있었고 꿈이 있는 기획이었다.

그런데 내게는 헷갈리는 게 있었다. 말띠 해는 아직 한 달이 더 있어야 돌아오는데 어쩌자고 이러는가? 양력으로 따져 한 해가 가고 새해를 맞는데, 아직 오지도 않은 말띠 해를 신문들이 앞서서 이렇게 떠들어도 되는가? 양력과 음력에 따른 기준의 혼란은 새해를 맞는 나에게 그 의미를 반감시켜 주고 있었다. 인생의 삶에는 보이지 않는 주기적 시간개념이 있다. 일 년을 열두 달로, 한 달을 삼십일, 또는 삼십일 일로 나누는 것도 바로 그런 이치 때문이다. 말띠 해도 오지 않았는데 양력 1월 1일을 맞아 호들갑을 떨어 헷갈리게 만드는 것은 양력과 음력을 함께 쓰기 때문에 오는 혼란이지만 한번 깊이 생각해 볼 필요가 있다.

나라가 썩고 사회가 혼란해졌다고 개탄하는 아이들이 자신들도 다음에 커서 어려운 일을 당하면 돈을 써서라도 문제를 해결하겠다고 대답하는 세상, 고위공직자들이 줄줄이 잡혀가면서도 자신은 결백하다고 주장하지만 재판에서는 유죄가 선고되는 나라, 각종 단체장들의 자신이 저지른 잘못을 시인하지 않고 뻔뻔스럽게 변명하는 나라, 그리고 소속된 회원들을 기만하고 자신의 영달을 위하여 모든 힘을 경주하는 나라, 말할 수 없는 혼란이 몰아닥친다.

나무에 쌓였던 눈이 바람에 흩날려 마당에 떨어진다. 태백산 정상에 서 있는 주목처럼 모진 바람이 불어도 찬서리가 내려도 껍질이 벗겨질 만큼 힘센 폭풍우가 불어와도 끄떡없이 천년을 살다가 죽어도 다시 천년을 서 있을, 그런 꿋꿋하고 곧은 사람이 그립다. 어려움을 딛고 일어서면 앞날이 보인다.

동쪽에서 떠오르는 아침 해를 날마다 맞는 주목은 솟아 오르는 해를 보는 감동 때문에 죽어서 서 있을 천년을 내다보며 산다. 천년 동안 살아온 나날을 돌아보면서 죽어서 천년을 서 있어야 하는 주목은 잘못을 저지를 수 없다. 옹골진 생명력을 가지고 어떤 어려움도 이겨내야 한다. 그리고 죽어서 서 있을 천년 동안 남에게 손가락질을 안 받으려고 날마다 자신을 돌아보며 사는 것 같다.

동해에서 우뚝 솟는 새해. 새로운 태양을 보고 느껴 본 감회다. 올해 해가 먼저 뜨는 곳으로 해돋이를 보러 간 많은 사람들, 그리고 집안에서 새해를 맞은 사람들은 무슨 생각을 했을까 궁금하다.

펜클럽, 팬클럽, 주의력

어떤 자리에서였다. 농담인 줄 알고 대답을 하지 않았는데 그게 아니었다. 자기도 펜클럽 회원이 되었다면서 아주 자랑스럽게 "이제 우린 누구를 후원해야 하느냐고 묻고 또 어떤 이를 자랑스럽게 내세워야 하느냐"고 말하고 있었다. 말하는 폼이 진지했고 조금도 부끄러워하지 않았다. 펜클럽이 영화배우 등 스타를 후원하고 내세워 자랑하고 선전하는 기구인 양 착각하고 있었다. 기가 찼다. 펜이 팬으로 인식되는 순간이었다. 펜은 P, 즉 Poets, Playwrights의 두문자頭文字로 시인과 극작가를 의미하고 E는 Editor와 Essayists로 편집인, 수필가를 뜻하며 N은 Novelists로 소설가의 머릿글자를 딴 것이다. 말하자면 세계적인 작가기구이다. 글 쓰는 사람들에게는 펜클럽 회원이 된것은 영광스런 일이다. 따라서 사회적 대우도 충분하게 받는 자랑스럽고 명예스런 모임인데, 이를 영화배우나 연예인의 팬클럽으로 착각하고 있다니- 그러면서 펜회원이 된 것을 자랑스럽게 알고 있다는 것은 말이 안 되는 일이었다. 나는 더 할 말을 잃었다. 그래서 펜 사무처에서 쓰는 각종 용지의 하단下端에 펜은 어떤 의미를 가지고 있는가 자세한 주해註解를 친절하게 표시하도록 지시했다. 이런 까닭으로 펜클럽의 각종 용지用紙에는 "문학이 참사람을 만든다"란 말과 펜이 무엇을 뜻하는가를 친절하게 알려주게 되었다.

그 뒤, 펜의 내용을 잘 아는 회원들은 왜 갑작스럽게 그러느냐고 묻는 이가 있었고 나도 농담 삼아 이제 우리는 어떤 연예인을 후원해야 하느냐고 말하면 처음에는 의아해 하다가 내 말을 자세히 듣고 껄껄 웃는 이도 있었다. 펜회원이 펜클럽이 무엇하는 단체인지도 모르고 입회했다면 기막힌 일이다. 그는 분명 왜 펜클럽이라고 부르는지 조차 관심이 없었고 팬클럽 회원으로 불러도 관계치 않는, 주의력이 없었음이 분명하다. 말하자면 펜회원의 자질이 없다. "어째서 이런 분이 펜회원이 되었을까?"

나는 펜회원의 자질부터 끌어 올려야 된다고 생각했다. 이런 창피한 일이 연달아 생기면 어쩔 수 없겠구나란 생각으로 펜클럽을 알리는 작은 책자를 만들어 회원 모두에게 보냈다. 그리고 새로 가입하는 회원들에게도 먼저 그 책자를 읽은 뒤에 가입 여부를 결심하도록 유도했다.

글쓰는 이들이 주의력은 남달라야 한다. 우리가 쓰는 글에 등장하는 낱말 하나에도 그 뜻을 정확히 알고 써야 하기 때문에 조금도 소홀히 해서는 안 된다. 이런 이들이 어떤 경로로 회원에 가입되었는지 알 수 없지만 펜회원이 되어서는 안 된다. 세계적인 작가기구의 일원이라면 우리 주변에 있는 것들, 우리가 일상으로 겪는 일에 대한 상식은 알아야 되고, 또 이해하여야 된다고 생각한다.

작가는 스스로 독립된 세계를 지닌 지성인知性人이다. 때문에 작가들이 생산하는 작품은 인류의 고귀한 문화유산으로 남아야 한다. 오늘의 현실이 만족스럽지 않아도 말없이 작품에 열중하는 까닭이 여기에 있다. 삶에 지치고 고통스러워도 치열하게 작품을 써야 하는 이유를 주의 깊게 성찰省察해야 한다. 그래야만 펜회원의 자격이 주어지고 팬클럽 회원이 안 된다.

한 해를 보내면서 펜회원은 어떤 일을 했는가 깊이 반성해 볼 필요가 있다. 흐트러지고 뒤엉켰던 펜의 가닥을 잡아가는데 얼마나 힘이 들었는가, 주의 깊게 살펴 볼 필요도 있다. 그리고 앞으로는 국제적인 문학단체답게 회원들의 품위品位를 유지해야 된다는 것도 잊어서는 안 될 것이다.

한 번 더 사랑한다고…

9월 11일, 뉴욕의 세계무역센터가 무너지는 TV방송을 보다가 '이런 일도 있을 수 있는가?' 눈을 의심했다. 완벽하게 촬영한 영화를 보는 것 같아 믿기지 않았지만 미국이란 나라가 무참하게 당한다는 생각도 한편에 있었다.

110층짜리 마천루가 삽시간에 무너졌지만 지구 곳곳에서는 새로운 생명이 태어나고 서로 사랑하고 아름다운 자연을 보며 산다. 여행하는 '이 지구는 참으로 멋지고 아름답다' 는 생각도 했다.

나는 9월 12일, 새벽 한 시 삼십 분에 LA공항이 폐쇄되는 바람에 서울로 오지 못하고 며칠 동안 발이 묶였다. 참으로 답답하고 겁나는 일이었다. 수시로 방영되는 뉴스에 촉각을 곤두세우고 사건의 전모를 눈여겨보았다. 침착한 대응과 발

빠른 구호작업에 감탄하면서 '우리가 저런 일을 당했다면 어떻게 대응할까' 열심히 생각했다.

우리나라 상사商社가 들어 있었다는 80층에 관한 이야기도 있었고 무너져 내린 벽돌에 깔려 목숨을 잃은 사람들의 슬프고 비참한 이야기도 있었다.

그 중 나를 안타깝게 만든 젊은 청년의 이야기는 참으로 슬펐다. 아침 출근시간에 쫓겨 제대로 눈 한 번 마주치지 못하고 집을 나선 아내가 세계무역센터 빌딩으로 출근했다가 무너져 내린 잔해에 깔려 시신마저 찾지 못했다. 그녀의 젊은 남편은 아내가 쓰던 물건을 소중하게 싸들고 DNA 검사를 위해 동분서주하면서 '그 날은 바빠서 눈 한번 마주치지 못했습니다. 사랑스런 아내의 눈을 한 번만 더 보았으면 좋겠습니다. 한 번만 더 말을 해보았으면, 한 번만 더 안아보았으면, 한 번만 더 사랑한다고 말할 수 있었으면 좋겠습니다.' 라고 외쳤다. 이 말들은 모두가 절규로 들려왔다. 한 번만 더 사랑하고, 한 번만 더 안아보았으면 좋겠다는 말이 나의 가슴을 쳤다. 그의 아내는 산더미처럼 쏟아져 내리는 잔해에 깔려 탈출하지 못하는 마지막 순간에 그 남편에게 전화를 걸었다고 했다. '내가 얼마나 당신을 사랑했는지 아느냐' 고. 물론 음성사서함에 녹음된 말이지만 얼마나 절실한가.

사람이 생명의 위급함을 느끼는 마지막 순간에 무엇을 생각할까? 돈도 아니고 권력도 아니다. 사랑하는 사람의 눈동

자와 마주치는 일, 손을 잡고 서로를 위로하는 일, 그리고 사랑한다고 말하는 것 이상 값진 게 어디 있는가? 그런데 우리나라에서는 연고주의에 얽혀 선후배를 따져 형님 아우 하면서 주가株價를 조작하고, 수 백억씩 나눠 먹고, 서로 눈감아주는 한탕주의가 극에 달했다.

죽을 때는 돈 · 권력이 아무 소용없다는 걸 깨닫지 못하고 숱한 사람들이 모여 끗발을 내세워 돈을 쓸어갔다.

참으로 딱한 일이다. 세계무역센터가 무너지고 수천 명이 죽어가도 지구 한 쪽에서는 여전히 사랑하고, 그리고 사랑스런 어린 아이들이 태어나 유쾌하고 행복한 앞날을 준비하지만 서로 치고 받고, 파괴하고 죽이는 아수라장이 세계 도처에 널려 있다. 욕심과 권력의 속성을 깨우치지 못한 미련한 사람들의 작태다. 욕심을 버리고 진정 돈의 쓰임새를 안다면, 그리고 권력의 한계를 인식한다면 우리 옆에 있는 이웃들을 사랑하고 그와 눈을 마주치면서 손잡고 살아가는 따뜻한 마음씨가 있어야한다. 이런 마음을 갖도록 많은 사람을 부추기고 그들에게 사랑의 메시지를 전달하는 게 글 쓰는 사람들의 본분이 아닐까. 글 쓰는 이들의 마음은 언제나 사랑으로 가득 차 있어야 한다.

따뜻하게 사는 마음

아침 저녁의 날씨가 제법 서늘해졌습니다. 어제는 종로를 걷다가 은행나무 가로수를 올려다 보았습니다. 참으로 우연히 은행나무를 올려다보고 나는 깜짝 놀랐습니다. 가지에 총총히 매달린 은행이 노랗게 익어가고 있었습니다. 은행잎이 짙푸르게 보이기 때문에 가을이 다가오는 것을 느끼지 못했습니다. 아무리 은행잎이 푸르러도 가지에 달린 열매가 익는다는 사실은 계절이 바뀌기 때문입니다.

봄의 화사한 꽃, 여름의 무성한 성장成長을 지나 모든 것이 결실結實로 이어지는 가을이 코앞에 다가왔습니다. 자연의 어김없는 변화죠. 나라 안이 시끄럽습니다. 정치도의와 의리를 배반한 분이 일인지하만인지상一人地下萬人之上에 앉아 있다고 떠들더니 이제는 무슨 무슨 '게이트'라고 하는 시끄러운 사건들이 신문에 대문짝처럼 실리고 뉴스 시간마다 꽝꽝 소리 지르는 꼴이 보기 싫어 신문도 방송도 듣고 보지 않는다는 사람들이 생겨났습니다. 내 친구입니다. 그는 아침에 일어나 산에 올라 심호흡을 하고 삼십 분 가량 걷다가 잰걸음으로 한 이십 분, 이렇게 운동을 하고는 아침을 거르고 점심을 아주 잘 먹는 것을 건강법으로 여기는 사람입니다. 또한 그는 춘 · 하 · 추 · 동의 어김없는 변화는 어느 누구도 거스를 수 없다고 말하며 자연대로 사는 게 가장 좋은 건강법이라고 주장하는 사람입니다. 아침을 굶는게 자연대로 사는 것은 아닌데 말입니다. 시끄러운 문제가 터지면 자연의 법칙을 거역했기 때문에 일어나는 재앙이라고 말하는 참 재미있는 사람입니다. 요즘같이 시끄러운 세상도 자연의 법칙을 멀리한 정치판의 술수 때문이라고 그는 말합니다. 그러나 나는 정치 · 경제 · 사회 · 문화의 자연법칙이 무엇인지 모릅니다. 다만 짐작만 할 뿐. 어떤 것이냐고 묻는 이가 있으면 우물쭈물 대답을 못합니다. 그러나 모든 것이 제대로 안돌아가기 때문에 생기는 일이란 생각을 갖습니다. 정말 삐걱거리는 소리가 온 천지에 가득합니다. 도대체 나라를 다스린다는 사람들은 남의 얘기를 듣지 않고 제 멋대로 제 주장대로 가고 있습니다.

이런 소용돌이 속에서 글 쓰는 사람들은 눈망울만 굴릴 뿐, 확실한 말을 못합니다. 잘못 말했다가는 왕따를 당하거나 아니면 사람대접을 못 받는 꼴을 보아왔기 때문입니다. 그래서 지조志操가 있는 선비가 없다고 빈정거림을 받아도 대답을 못하는 세상입니다. 참으로 딱한 세상입니다. 할 말을 하는 문사文士, 자기주장을 확실하게 펴는 사람들이 어울려 사는 세상이 좋다고 합니다만 그런 세상은 언제 올지 아득하기만 합니다. 생각대로 말하는게 자연이라면 올곧게 생각하는 연습도 해야겠지요. 그러기 위하여 권력의 핍박을 받아도, 일시의 불운不運이 뒤따르더라도 부끄럽지 않게 살아가는 방법을 공부해야 될 것입니다. 가을이 다가옵니다. 한두 차례 비가 오고 안개가 우윳빛으로 퍼져 군데군데 머물다가 사라지면 쌀쌀한 바람이 부는 겨울이 다가올 것입니다. 이 세상이 꽁꽁 얼어붙겠지요. 그래도 우리들, 글 쓰는 사람들의 마음은 훈훈하고 따뜻하게 세상을 보고 고통 받는 사람, 자유를 누리지 못하는 사람, 이 사는 세상이거나 할 말을 하지 못하는 사람들을 위하여 관심을 가져야 합니다. 그것만이 사람의 가슴과 마음을 얼어 붙지 않게 만드는 일이니까요.

지혜의 주인이 되는 문학

2004년은 원숭이 해, 갑신년이다. 잔나비라고도 부르는 원숭이는 간특하고 경망스럽다고 말하는 사람도 있고 지혜롭고 날쌔고 자식 사랑을 끔찍하게 한다고 말하는 사람도 있다. 원숭이 해를 우리들은 지혜롭고 날쌘 원숭이처럼 슬기롭게 살아가는 그런 새해가 밝았다.

옛날에 이리와 여우가 먹이를 찾아 나섰다가 길에서 고깃덩어리를 발견했다. 서로 자기 것이라고 다투다가 지혜롭다는 원숭이를 찾아가서 결판을 내기로 했다. 원숭이는 고깃덩어리를 공평하게 나눈다면서 한 쪽은 크게, 다른 한 쪽은 작게 만든 뒤, 두 개를 똑같게 만들어야 한다고 큰 것을 베어 먹었다. 그러나 다시 차이가 생기자 또 똑같게 만든다고 베어 먹는 일을 되풀이 하다가 고기를 다 먹고 도망쳤다는 이야기가 우리나라에 전한다. 이 이야기는 주위의 상황은 보지도 않고 자기 눈 앞의 이익만을 다투면 결국 작은 이익도 놓친다는 교훈이 담겨 있다. 그래서 원숭이의 교활성이 부정적이지만은 않고 마땅히 징계할 대상을 징계하는 수단으로 긍정적이다.

일본 닛코의 한 절간에는 세 마리의 원숭이 조각상이 있다. 그 원숭이는 눈과 귀와 입을 가리고 있다. 나쁜 일은 보지도 듣지도 말하지도 말라는 가르침이라고 한다. 이 두 이야기 모두가 원숭이의 지혜와 슬기를 담은 것이다.

인간은 누구나 행복하게 살기를 원한다. 그리고 부자가 되기를 간절히 바란다. 행복하게 살고 부자가 되는 것은 돈이 많고 호화스런 집이 있어야 된다고 꼽지만 결코 그것만으로 행복을 누릴 수 없다. 우리가 사후 세계에 들어가 염라대왕 앞에서 이승의 행복을 말하라고 하면 어떤 것들을 이야기 하게 될까? 강남 로데오 거리에서 몇 백만원짜리 옷을 사 입었던 일, 세상에서 제일 좋은 자동차를 타고 다닌 일, 하룻밤에 몇 백만원을 술값으로 날린 일 등이 행복했다고 말할 사람은 없을 것이다. 아플 때 병원으로 업고가 치료를 받게 해 준 이웃집 아주머니의 고마움, 위급할 때 자신을 구해준 친구, 배고플 때 따뜻한 밥을 준 옆집 할머니, 사랑으로 감싸 길러 준 어머니의 따뜻한 모정 등, 자신을 뼈저리게 감동시켰던 일로 아주 작은 것들에서 행복을 느꼈다고 말할 것이다. 이 모두가 우리 곁에 있는 작은 일들이다. 그런데도 사람들은 이런 작은 일은 행복으로 느끼지 않고 엉뚱한 것만 찾는다. 탐욕과 낭비, 독선과 무절제, 나만 할 수 있다는 오만은 신기루 같은 거창한 행복을 꿈꾸는 일이다. 일찍이 채근담에서는 이를 경계했다. 날씨의 춥고 더움보다 피하기 힘든게 세상인심의 차고 더움이고, 살아있는 세상에서 선악과 시비를 분별하기 보다 더 벗어나기 어려운게 내 마음 속에 들어 있는 용납하지 못하는 부분이라고 말했다. 가슴 속에 얼음덩이와 숯덩이를 함께 품고서는 살아 낼 수 없는게 이 세상이다. 불행은 탐욕에서 시작되고 행복은 작은 것에서 부터 다가온다.

탐욕을 채우지 못해서 분노하고 허기져 세상을 원망하기보다 좋든 나쁘든, 가난하고 부유하든, 추하고 아름답든 이 모두가 우리들이 살아갈 시대이며 우리가 숨쉬어야 할 공기다. 가난하고 어려운 사람이나 부유하고 탐욕스런 사람이나 모두 슬픔과 눈물을 가지고 있다. 부자라고 행복한 것도 아니다. 권력을 쥐었다고 큰 소리 칠 일도 아니다. 관용으로 베풀고 관대하게 살아가는 데서 행복은 스스로 다가온다.

괴테가 내세운 행복의 다섯 가지 조건은 여러 가지로 음미해 볼 만하다. 즐겁게 일할 수 있는 건강, 기본 생활조건을 충족시키는 경제적 여유, 좋은 결과가 나올 때까지 노력하는 인내심, 장래의 불안을 이겨낼 수 있는 희망, 그리고 이웃을 돕는 자비심을 꼽았다. 이 다섯 가지 조건들은 노력한다고 다 얻을 수는 없지만 인내와 희망, 자비심은 마음을 다스리면 쉽게 얻을 수 있다.

문학은 인간의 갈등양상을 치유하는데 없어서는 안 될 장치다. 때문에 문학 속에는 인간의 내면세계를 확실하게 들여다 볼 수 있는 모든 것들이 들어 있기 마련이다. 피 터지게 싸우는 것도, 행복하게 나누는 일도, 으스러지도록 사랑하는 일도, 가볍게 목숨을 내놓는 일도, 눈물과 고통을 이겨내는 일 등을 내용으로 하고 있다. 결국 사람들이 살아가는 생생한 기록을 담고 있기 때문에 글 쓰는 이들은 지혜와 슬기, 인내와 평정심平定心을 가져야 한다. 만약 작가들이 지혜가 없고 슬기가 부족한 상태에서 평정심마저 잃고 글을 썼다면 그 해독은 이루 말할 수 없을 것이다. 그 결과는 편견과 선동을 부추겨 사회를 어지럽게 만들 것이 뻔하다.

원숭이 해, 올해에는 우리 문학인들도 괴테의 다섯 가지 행복의 조건을 차분히 음미하면서 지혜의 주인이 되어 보자.

문화적 자존심

우리나라 주변의 정세가 급물살을 탄 듯 변해가고 있다. 날마다 쏟아지는 세계 뉴스에서 코리아가 빠지는 날이 없는 것만 보아도 우리나라를 포함한 국제 관계가 급변하고 있음을 증명한다.

특히 아시아의 균형자 역할을 하겠다고 말한 대통령의 의중에 대하여 궁금증을 가진 사람들이 많고 통일문제에 대한 것은 발등에 불처럼, 당장 외면하기 어렵다. 더구나 경제문제는 우리의 숨통을 죄고 있지만 어느 것 하나 우리의 힘만으로는 해결하기 어려운 난제難題들이다.

이런 어려운 상황 속에서 우리들은 어떤 에너지를 가지고 대처할 것이고 앞길을 헤쳐 나가야 할 것인가 깊이 생각하지 않을 수 없다.

백범 김구는 우리나라가 나가야 할 길은 문화국가를 지향하는 것뿐이라고 일찍이 말했다. 나라가 어려울 때 문화가 국민의 자부심으로 등장하면 개개인의 흩어졌던 생각을 하나로 결속하는 역할을 한다. 국민이 문화적 자부심으로 결속하면 일체감을 갖고 단결된다는 것을 알고 있었기 때문이다.

정치도 경제도 사회의 제반 어려운 문제들도 문화적 발상으로 풀어야 한다. 문화는 이미 이것들의 상위개념으로 정착되어 모든 것을 포용한다. 때문에 정치도 고도의 기술이 요구되고 경제도 문화적 발상에서 창조력을 동반해야만 한 단계 올라 설 수 있다. 각 분야에서 최고의 경영자나 지도자들의 판단기준은 문화적 수준에서 비롯된다.

곧 문화가 국력이고 문화적 자부심이 국민들로 하여금 일체감을 갖게 하며 곤경에 빠졌을 때 구심점이 된다. 강대국 사이에서 수없는 침략을 받으면서도 5천년 동안 빛나는 역사를 창조하면서 살아온 우리의 역사를 생각해 보자. 땅이 넓고 힘이 셌던 중국의 역대 왕조가 형님 정도의 대접을 받으면서 우리나라와 공존했던 이유는 무엇일까? 중국이라고 한반도를 제 나라에 복속시켜 주무르고 싶지 않았을까? 물론 그들도 그런 생각을 충분히 가졌겠지만 그렇게 하지 못한 까닭을 우리의 문화에서 찾아야 한다.

동양사상의 핵심인 불교와 유교를 받아들여 찬란한 신라의 불교문화를 이룩했고, 성리학을 받아들여 조선 성리학으로 발전시켜 되레 중국을 놀라게 한 문화적 자존심이야말로 우리를 만만히 보지 못하게 한 원인이 되었음을 상기해야 한다.

한 국가의 구성원이 제 나라 문화를 이해하고 문화적 자존심으로 생존의 조건을 삼는다면 결코 누구라도 만만하게 보지 못한다. 세계에서 두 번째의 경제대국으로 불리는 일본을 얕잡아 보는 이유도 궁극에는 그들에게 문화를 전수했다는 자존심 때문이다. 문화적으로는 일본보다 앞서 왔었다는 우월감을 설명할 때 불교의 전수를 비롯해 왕인의 문자 전수, 임진왜란 때 도공들이 강제로 끌려가 발전시킨 도자기 문화 등을 말한다. 하나같이 일본 사람들이 빼놓을 수 없는 귀중한 문화재이지만, 그 연원은 우리에게 있기 때문에 그들을 얕잡아 보고, 또 만만하게 대하려고 한다. 문화적 자존심이다.

지자제가 실시된 후 많은 지역에서 문화역량을 키우는 사업을 해나가는 것은 긍정적으로 이해해야 하지만 문화적 소양이 전혀 없는 단체장들이 성급하게 벌이는 각종 문화행사가 예산 낭비란 지적을 받고 도마 위에 오른 지 꽤 오래 되었다. 어디가나 똑같은 내용의 행사, 졸속과 무계획이 판치는 행사를 골라내어 시정하는 일이 시급하다. 그러나 떼를 지어 아우성치듯 외쳐대는 그들의 주장이 표와 연결되어 있기 때문에 지원금은 여전히 나가고, 몇몇 사람들의 좋은 행사를 치렀다는 자족감을 충족시키는 것으로 끝나는 예를 숱하게 본다.

이것들은 문화가 국력이 되는 길이 아니다. 그리고 문화적 자존심을 갖는 것도 아니다. 세상이 변하고, 아무리 혼란스러워도 지식과 기술이 있으면 살아남는다. 문화의 힘이다. 문화의 힘만 있으면 우리의 정체성을 발휘하면서 곧게 살아갈 수 있다는 사실을 굳게 믿어야 한다.

미국 동부지역 펜 창립

지난 8월 2일부터 5일까지 워싱턴에서 국제펜클럽 한국본부 미국 동부지역 위원회가 창립되고 그 기념으로 재미 동포 문학과 정체성이란 주제로 심포지엄이 있었다. 작년에 설립된 서부지역 위원회에 이어 두 번째 설립되는 것으로 한글로 문학을 하는 동부지역의 시인, 작가들의 모임이 된다. 워싱턴에 있는 우래옥 대연회실에서 열린 창립대회에는 양성철 주미대사가 "기다려 왔던 동부지역 위원회 창립을 진심으로 축하한다."는 말을 시작으로 "이민생활의 어려움 속에서도 6백만 해외동포들의 정서와 정신세계를 모국어의 토착적인 아름다움으로 풍요롭게 일구어 오신 시인, 작가 여러분들이 미국 동부지역 위원회 창립기념으로 재미 동포 문학과 정체성이란 주제로 심포지엄을 여는 것은 2002년 8월, 이곳 워싱턴 땅에 가장 시의적절하며 뜻 깊은 일" 이라고 말하고 "월드컵이 찬란한 우리 문화와 어우러져 장관으로 펼쳐진 응원은 우리 국민들이 전 세계에 다시 한 번 Dynamic Korea의 역동성과 우수성, 그리고 민족의 응집력을 보여 주었듯 펜클럽 회원들에게 거는 기대는 조국 한반도의 분단을 통합으로 이끌어 갈 수 있는 토양을 다지는 계기를 마련하고 펜클럽 숙원사업인 한국 작가의 노벨상 수상을 앞당기기 위한 한국문학의 세계화 노력에 큰 힘이 되어 달라"는 축사가 있었다.

통일문학 기반을 다지고 한국 문학의 세계화 작업은 한국 펜클럽이 수행하는 가장 큰 사업임을 국내외에서 활동하는 사람이면 누구나 아는 이 일을 꼭 짚어 말하는 것을 듣고 큰 책임을 느꼈다.

또한 워싱턴 한인연합회 문홍택 회장의 축사는 "2백 2십만 미국 동포 사회의 자존심이기도 한 문필인들이 동부지역 펜클럽 결성을 계기로 민족의 정체성을 확립하고 계승 발전시키는 개척자로 이민 역사에 남는 자랑스런 조상이 되어 달라"고 말하였다.

두 분의 축사를 들으며 창립대회와 심포지엄에 찾아간 본국 회원들을 비롯하여 1백 30여 명의 참석자들의 표정은 숙연했다. 숨소리까지 들릴 정도로 조용해진 까닭은 무엇일까? 나는 이런 생각을 했다. 과연 통일문학이 기반을 조성하고 노벨 문학상 수상의 길라잡이를 한국 펜클럽이 하고 있는 것일까? 누가 이렇게 묻는다면 그렇다고 대답할 수 있다.

한국 펜클럽이 80년대 중반 이후, 문학적 환경변화에 적응하지 못하고 극도로 편벽된 운영방식을 고수해 왔기에 침체된 유명무실한 단체로 전락했던 것은 사실이었다. 그러나 이제는 달라졌다. 각 지역마다 위원회가 설립되어 창작의욕의 고취는 물론 기관지의 발행, 번역사업의 수행 등, 크고 작은 일들이 진행되어 많은 업적을 쌓아가고 있지 않은가?

그리고 한국 문학의 세계화를 서두르면서도 우리 민족의 전통과 정체성을 논의하고 이의 확립을 위하여 게을리 하지 않는 이유는 우리 문학의 특질을 정확하게 파악하려는 노력의 일환이다.

한국 펜클럽은 친목단체로서만 존재하지 않고 한국 문학의 세계화에 크게 이바지 하고 있다. 이번의 창립대회에서 느낀 일이지만 펜클럽 헌장도 모르고 펜회원의 임무도 20여 년을 이행하지 않고 뚜렷한 작품을 쓰지도 않는 외국거주 회원이 입회년도만 따져 원로회원으로 대접받으려는 태도는 펜클럽 활동의 저해요인이 됨을 알게 되었다.

엄격히 따지면 회원도 아닌데 권리만 주장하는 분이 있어 많은 사람을 놀라게 했다. 조직과 단체 활동은 무턱대고 예우를 받으려고 하는 사람, 독선을 행하는 사람을 감싸주거나 대접하지 못한다. 아무튼 미국 동부지역 위원회가 발족됨으로써 한국문학의 세계화와 펜클럽 활동에 활력소가 될 것이란 기대를 거는 것은 미국 동부지역 위원회 창립대회에 참석한 모든 사람들의 일치된 생각이었다. 외국에 거주하면서 우리 글로 작품 활동을 하는 시인, 작가들의 기대도 자못 크다는 것도 알게 되었다.

4년 단임제單任制의 의미

문학단체의 수장首長은 몇 번씩 연임連任을 해도 상관없던 때가 있었다. 대개 70년대 중반까지는 문학단체를 이끌어 갈 만한 분이 그리 많지 않았기 때문에 박종화朴鍾和, 백철白鐵, 정인섭鄭寅燮, 변영로卞榮魯, 김동리金東里, 조연현趙演鉉, 모윤숙毛允淑 선생 등이 짧게는 6년, 길게는 20년에 가깝게 문학단체의 수장首長으로 일을 해왔다. 그 뒤 경제개발이 눈부시게 이루어지고 정부와 국민들이 문학단체들에 관심을 갖자 단체장을 하려는 사람들이 많아졌고, 그들이 목적을 달성하려고 온갖 노력을 하면서 극심한 경쟁체제로 전환되었다.

한국문단에서 잊을 수 없는 단체장 선거는 70년대, 숙명여대 강당에서 있었던 문인협회 이사장 선거를 꼽을 수 있을 것이다. 가장 권위 있다고 자타가 공인하는 문학잡지의 편집권을 가진 분과 문학잡지는 없었으나 문단의 인기人氣, 그리고 대외적 지명도가 있어 당선을 자신했던 두 분의 접전은 사활死活을 건 일전一戰이었다. 이 선거를 계기로 문단은 양대산맥兩大山脈으로 분열되어 오늘날까지 그 뿌리를 완전히 제거하지 못했다는 평評을 듣고 있다. 하여튼 피나는 경쟁과 투쟁에 가까운 활동(?)으로 당선된 팀은 문단을 거머쥐고 막강한 권력(?)을 휘둘렀고 낙선의 고배를 마신 측은 칠전팔기七顚八起를 해도 꼭 이겨야 된다고 와신상담臥薪嘗膽을 했다. 결국 문학단체의 수장首長자리가 정치권력의 주고받음처럼 비춰지는 험한 꼴을 보여주었다. 이런 진흙탕 싸움을 거치면서 단체의 수장首長에 당선되면 재선再選을 노리고 온갖 치사스런 일을 밥먹듯 했기에 단체의 발전은 뒤로 밀리고 자신의 영달榮達을 위한 발판으로 전락해 갔다. 그 결과는 어떠했던가. 단체의 운영이 투명하지 못했고 비정상적 조직 관리는 비리非理를 양산해내는 결과를 낳아 선거가 끝나면 유쾌하지 못한 말들이 오갔고 실제 업무인계에 따른 잡음이 그치지 않았다.

나는 이 점을 뼈저리게 느꼈고, 실제 보아왔기 때문에 펜회장으로 당선되자마자 「4년 단임單任」을 결심했고 이를 위하여 연임조항을 삭제하는 정관개정안을 제49차 총회에 제출했었다. 그런데도 나의 충정을 이해 못한 일부의 회원들과 나를 지지했던 분들이 '어떻게 얻은 수장首長 자리' 인데 단임으로 끝내느냐고 반대하여 정관개정안은 1년을 유보하게 되었고 제50차 총회에서 결의하도록 탁방났다. 그 결과 지난 2월 27일 제50차 총회에서 드디어 연임조항을 단임으로 고치는 개정안이 통과되었다. 참으로 마음이 후련했다. 재선을 노려 자신의 선거에 유리하도록 단체를 이끌 필요도 없어졌고 소신所信을 버리고 회원들의 눈치를 볼 일도 없어졌다. 오직 단체의 발전과 회원들의 신나는 참여를 위하여 임기동안 소신껏 일하다가 뒷사람에게 물려주면 되는 것이다. '내가 아니면 안 된다' 는 어리석은 추태를 부릴 것도 없다. 회원이면 누구나 임원이 되고 회장이 되어 회무會務를 총괄總括할 수 있고 단체를 발전시킬 의무가 있다. 이렇게 뻔한 사안事案을 놓고 내가 틀어쥐고 독단獨斷을 해야 안심할 수 있다는 생각은 민주사회에서는 망쪼에 해당된다.

회장이 될만한 사람들은 수없이 많다. 그들에게 문호를 개방하고 4년 단임으로 업무를 인계 해줌으로써 더욱 크게, 한 단계 높게 발전할 수 있는 기회를 만들어 주어야 한다. 마음을 비우고 한국 펜의 발전을 위해 과거의 고질병과 망령을 떨쳐내는 징검다리 구실을 하면 된다. 4년 단임제로 개정하는데 찬성한 회원들께 고마운 마음을 전할 뿐이다.

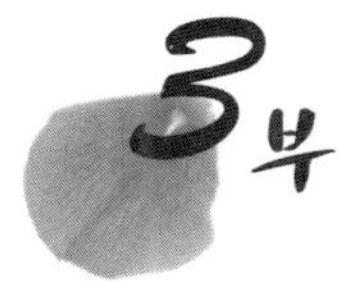

3부

낙엽을 밟으며
봄이 오는 소리
책상을 버리면서
사라지는 말과 우리 문학
책을 읽는 사람
7월의 태양아래서
한국의 책 100권
글이 망하는 세상
가요의 고품질화高品質化
거저 주는 책과 공짜 구경
거리의 예술품

낙엽을 밟으며

내가 일하는 곳으로 나가는 길목에는 운현궁이 자리잡고 있다. 고풍스런 담장이 날아갈 듯 치켜올린 조선기와집 처마가 무척 아름답다. 그리고 마당도 넓다. 토요일마다 「문화마당」을 준비하여 저녁 때 무료로 공연도 한다. 그 때는 꽤 많은 사람들이 모여들어 박수도 치고 신나게 어깨춤도 추면서 고단한 삶을 잊는다. 나도 지나다 가끔 들러 길고 우아한 국악의 선율에 귀를 기울이거나 민요의 명쾌한 가락에 취하여 흥얼거릴 때도 있다. 가을이 깊어 가면 운현궁 담장 안팎을 노오란 은행잎과 갈색 플라타너스 잎이 온통 뒤덮는다.

올해는 가을이 유난히도 길어서 운현궁 담 밖에 흩어져 있는 낙엽을 밟으며 걸을 때가 많았다. 바삭바삭 소리내며 낙엽이 부서진다. 이 때마다 내 몸이 바스러지는 것 같은 착각에 빠져 가슴이 저려온다. 마음까지 아프다.

갓난애의 손바닥 같은 낙엽이 내 구둣발에 밟혀 부스러지는 소리가 나의 가슴을 무척 아프게 한다. 셀 수도 없이 많은 조각으로 변한 은행잎이 땅 위에서 흐느끼는 소리가 들린다. 열, 아니 스무 조각도 더 되게 부서진 은행잎은 이제 흙으로 돌아가겠지만, 운현궁 담 밖은 보도블록으로 깔려있기에 흙이 될 수도 없다.

가끔 이른 아침에 운현궁에 근무하는 직원이 길다란 빗자루를 들고 낙엽을 쓰는 걸 본다. 커다란 마대자루에 낙엽을 담아 나무 밑에 놓아두면 청소차가 와서 거둬가던 것을 본 나는 낙엽도 제자리에서 썩지 못하고 다른 데로 옮겨가는구나 생각하고 길게 탄식을 했다.

자연의 법칙 대로라면 낙엽은 떨어진 나무 밑에서 흙이 되어야 한다. 낙엽의 고향은 바로 떨어지기 전, 나무가장이, 나무 밑동을 떠받쳐 안고 있는 흙이다. 그 흙으로 돌아가야 낙엽은 고향을 찾는 것인데, 커다란 자루에 담겨 쓰레기장으로 옮겨간다.

고향을 잃어버린 낙엽, 현대인은 운현궁 앞의 낙엽처럼 모두 고향을 잊고 산다. 살아간다는 목적 하나로 고향을 떠나 떠돌이 삶을 영위하고 있다. 나도 마찬가지이다. 고향을 떠나 서울살이를 한 지 60년, 고향이 아득하기만하다. 자루에 담겨 나무 밑을 떠나는 낙엽처럼 60년 가깝게 타향을 떠돌면서도 아직 이름 석 자를 내세우고 살아가는 모습을 생각할 때, 무엇 때문에 지금까지 살아있고 또 어떤 모습으로 살아갈까 생각해 본다. 그러나 정답이 없다. 산과 들, 그리고 길가에서 자라는 나무들이 가을에 곱게 물들어 낙엽이 지고, 그 낙엽이 썩어 나무뿌리를 살찌울 때 얼마나 행복할까?

제가 살아갈 자리, 자신이 살아갈 공간을 잊고 무시로 떠돌아다니며 허황되게 삶의 그림자만 좇는 사람들이 수없이 많은 세상에서 나도 한낱 부나비처럼 의미없이 살아 가는가 따져본다. 70을 넘게 살아왔어도 살아가는 정도正道를 깨우치지 못해 당황해 하는 나의 모습을 보면서 언제 철이 들지도 따져본다. 그러나 나는 언제 철이 들고 성숙成熟할지 가늠할 수 없다.

철 들고 성숙한 삶을 살아보겠다는 건 마음일 뿐, 영원히 내게는 다가올 것 같지 않다. 의젓한 태도, 믿음직스런 언행言行, 곰삭은 사랑과 훈육訓育, 희생을 앞세운 봉사, 슬기를 가진 사고思考, 맑고 결연한 판단이 찬바람이 불어 추울 때 솜옷처럼 그립다. 흙탕물처럼 더러운 세상을 밝혀줄 지혜와 슬기가 어둠 속의 등불처럼 그립다. 이것들을 문학을 통해 얻을 수 있을까?

봄이 오는 소리

눈이 내려야 겨울맛이 난다. 바람에 떨고 있는 앙상한 나뭇가지가 들어선 산은 을씨년스럽기만 하다. 그런 나뭇가지 위에 눈꽃이 필 만큼 많은 눈이 쌓이면 드디어 겨울다운 겨울이 된다. 겨울은 눈이 있어야 제격이다.

그런데 지난 겨울은 눈 구경하기가 어려웠다. 함박눈이 푸근하게 내리면 굶어도 배부른 것처럼 든든한 법인데, 산이고 들이고 잎 떨어진 나무들이 겨울바람을 받아 파르르 떠는 모습만 보았으니 겨울답다고 느끼기 힘들었다. 잎 떨어진 나뭇가지를 통하여 들리는 바람소리도 낮고 정겹게 들리지 않았고, 가늘고 높게 들려 어딘지 신경질적인 소리를 감추고 있었다. 겨울이 겨울답지 않은 증거다.

겨울은 추워야 하고 바람이 씽씽 불어야 하고 눈이 지천으

책상을 버리면서

내가 펜클럽에 가입한 것이 1963년 5월, 그때는 시인 고원高遠씨가 사무국 일을 보고 있었다. 회원이라야 1백 명 내외, 아주 단조로운 시절이었기에 지금 생각하면 호랑이 담배 먹던 시절로 기억된다. 광화문에 있던 교육회관에서 총회를 열면 3~40명 정도가 출석해서 무엇을 어떻게 결정하려는지 알려고도 하지 않고 박수부터 치던 때, 누구나 만나면 반가워 손잡고 뒷골목으로 가서 대폿잔을 기울이기가 바빴다. 그리고 14년 만에 부회장으로 당선되어 펜클럽 일에 구체적으로 매달렸으니 펜과의 인연은 40년의 세월이 흘렀다. 감개무량하다.

그 당시 회장은 모윤숙 선생이었고 부회장으로는 소설가 전광용 선생, 영문학자 이가형 교수였다. 이분들은 대학에 근무하고 있었기에 시간을 낼 수 없어 펜에 자주 나오시기가 어려워서 모든 일은 모선생과 내가 처리하게 되었다. 그러나 연로年老한 모 선생이 복잡한 일을 내게 맡겨, 나는 많은 시간을 빼앗겼고 펜 살림살이가 곤궁해서 사무국 직원 월급 걱정하던 때라 비용 마련에 동분서주하기도 했다.

사무실은 안국동의 걸스카우트 회관. 여름에는 선풍기 하나, 겨울에는 연탄난로에 의지하던 때라 살림이 옹색하기는 이루 형언키 어려웠다. 박정희 정권의 긴급조치가 연속으로 공포되던 때, 문인들의 시련은 말할 수 없었다. 긴급조치 반대, 호헌활동, 민주화운동 등으로 날마다 문인들이 끌려가, 매맞고 각서 쓰던 때, 70여 명의 문인들이 남산에 다녀왔다면 그 분위기는 얼마나 살벌했겠는가. 그래도 펜클럽은 세계 여러 나라의 회원국과 연대해서 성명도 내고 구속문인들의 면회도 갔으며 영국본부에서 보내오는 각국의 항의서한 등을 열심히 당국자에게 전했다. 그러면서 저명한 세계적 시인 · 작가들을 초청했다. 스티븐 스펜더가 온 것도 이때였다. 그때 왔던 손님들을 접대하기 위하여 사들인 소파와 탁자, 책상 들을 지금까지 여의도 사무실에서 쓰고 있다. 30년 가까운 역사가 깃든 물건들이었다. 그러니 이음새가 물러나고 다리가 빠져 흔들리고 냄새가 나 견딜 수 없어서 이것들을 새로 바꿨다.

펜의 경비가 없어서 유지자有志者의 도움을 얻어 사들이면서 나는 지금 버리는 것들을 사들일 때 부풀었던 생각을 되새

겼다. 그러면서 내가 사들였던 책상과 의자를 버리면서 가슴에 와 닿는 갖가지 감회를 떠올렸다.

30년 가깝게 사용했던 책상과 의자를 버리면서 펜클럽의 역사와 상징을 버리는 것 같아 가슴 아팠다. 이것들을 사들일 때, 펜클럽이 욱일승천旭日昇天하듯, 불같이 일어나기를 바랐었는데, 과연 그렇게 되었나? 30년 동안 펜이 어떻게 발전했고, 무엇이 변했나? 숱한 애환哀歡과 고통, 좌절과 퇴행退行를 지켜본 이 물건들을 쓸모없다고 버리면서 나는 역사와 계승에 대하여 생각했다. 쉼 없이 발전하는 역사 속에서 문학을 전공하는 지식인들이 과연 올곧게 살아왔나를 생각해 보았다. 창피한 일, 부끄러운 일들이 머릿속에서 수없이 교차했다. 갈등과 저항, 화해和解와 설득이 그치지 않고 있어왔던 현장에서 묵묵히 이를 지켜보던 소파와 탁자, 그리고 책상과 의자들이 지금 버려진다. 인간도 기운이 쇠잔해지고 의지가 풀리면 저것들처럼 버려질 것을-. 머리가 착잡하다. 가슴이 꽉 막힌다. 새로 사들인 책상과 의자, 그리고 회의용 탁자에서 오늘 이후에는 어떤 생산적인 계획들이 여물 것인가 기대해 본다. 그리고 버려지는 책상이 말없이 보아왔던 부끄러운 역사를 마감해 보자는 다짐도 해보았다. 내 손으로 사서 30년 가깝게 쓰다가 쓸모없다고 버리고 또 새로운 것들을 사들이는 것도 기연奇緣이 아닐 수 없다는 생각도 가져보았다.

사라지는 말과 우리 문학

우리말을 적는 한글의 우수성은 세계적인 몇몇 학자들이 이미 인정하고 있다. 우리글이 세계에서 가장 독창적이고 합리적인 문자라고 주장하는 다이아몬드 박사는 「제3의 침팬지」 등의 저서로 우리에게 잘 알려진 분이다. 물론 이 분은 한국 아이를 둘씩이나 입양해서 길렀기 때문에 한국에 대한 편견이 있을 수 있겠지만, 그렇다고만 보기는 어렵다. 「대지」를 쓴 미국의 펄 벅 여사, 영국 리즈대학의 제프리 샘슨 교수도 한글에 대한 우수성을 말하고 탁월한 문자라고 추켜세웠다.

그 이유를 따져보면 정보화시대를 맞아 한글이 컴퓨터에 효율성이 뛰어나다는 점을 들 수 있을 것이다. 한자漢字와 일본어日本語에 비해 무려 일곱 배나 앞선다는 평가는 한글의 우수성을 입증하는 생생한 자료가 될 것이다. 생각해 보면 집

현전의 학자들이나 세종대왕에게 고마워해야 할 것이다.

유네스코의 조사에 따르면 5백년 동안 인류가 써 오던 언어의 절반이 없어졌다고 한다. 또한 언어학자들은 21세기가 끝나기전에 지금 쓰고 있는 언어의 절반이 사라질 것이라고 걱정한다. 우리말의 사용인구는 약 7천만 명, 말의 사용인구로 따지면 세계 12위에 속한다. 묘한 대비對比인지 모르나 무역수지 면에서 12위를 유지하고 있는 것과 일치한다. 그러나 언어학자들은 말이 없어지지 않으려면 사용인구가 1억은 돼야한다고 주장한다. 그 까닭은 현재 세계 인구의 90퍼센트가 백 개 남짓한 언어를 사용할 뿐, 나머지 10퍼센트에 해당하는 사람들이 6천 개의 언어를 사용한다고 한다. 따지고 보면 10만 명 이상의 인구가 사용하는 언어는 기껏 6백 개 정도인데 이들의 언어가 곧 지구상에서 사라져 갈 운명에 놓여있다.

최근 우리말이 외국어에 섞여 없어지거나 변형되는 것을 보면 이해가 빠를 것이다. 영어에 잠식된 우리말이 만신창이가 되어 어원語源이 무엇인지 조차 모를 말들이 컴퓨터 안에서 급속도로 확산되어가고 있다. 인터넷에서 쓰이는 우리말의 오염은 더 말할 수 없다. 바로 이런 현상이 우리말이 난도질 당하고 피 흘리며 사라져가는 과정이다. 이런 추세로 가다가는 우리말이 아주 빠른 속도로 외래어外來語의 홍수속에 빠질 염려가 있다.

국가나 민족이 언어를 잃는다면 그들이 가꿔놓은 문화를

잃는다. 모든 문화는 언어로 시작되어 글자로 기록되기 때문에 다부지고 힘있게 가꿔 놓아야 남의 문화를 만났을 때도 꿋꿋하게 견뎌낸다. 말하자면 남의 문화에 동화同化되지 않고 자신의 문화 속에 남의 문화를 포용할수 있다.

말과 글은 문학을 예술로 만드는 가장 첫 단계의 도구道具가 된다. 우리말을 어지럽히고 우리글을 남의 글에 동화시키면 우리의 문학은 명맥命脈을 이어갈 수 없다. 너무도 자명自明한 일이다. 이치가 이런데도 우리는 스스로 우리말과 글을 천대한다. 그러니 문학이 제대로 발전해 나갈 길이 없다. 똑똑한 시인이나 작가보다 손재주를 가지고 문학을 하는 사람, 제 글자의 우수성도 모르고 남의 글자, 남의 말에 미친사람이 무리지어 다닌다. 세계화 · 국제화란 성급한 결정에 놀아나 초등학교 저학년에서 부터 영어를 가르치고, 그것도 모자라 과외까지 시키면서 우리 말, 우리글을 홀대한다. 이런 형편으로 가다가는 우리말과 글이 언제 없어질지 모르면서 남의 말과 글을 소중히 여긴다. 언어의 소멸은 생물의 멸종과 매우 유사하다는 주장이 나와 눈길을 끈다. 「사라지는 음성」들의 저자인 인류학자 네틀과 언어학자 로메인의 주장은 언어의 소멸은 생물의 멸종과 그 과정이 매우 흡사하며 서로 밀접하게 연관되어 있다. 생물의 다양성이 높은 열대지방에서 다양한 언어가 발달했고 생물의 다양성이 급격히 줄고 있는 지역에서는 언어의 다양성도 감소한다고 지적했다. 맞는 말이다.

우리나라의 기후도 사계절의 변화가 뚜렷하지 않다고 한다. 봄과 가을이 짧아지고 여름과 겨울만 있다고 느껴지는 요즘, 우리 말, 우리 글에 위기가 왔다. 이런 까닭으로 우리 언어는 근본을 잃고 문학은 위축되어 맥을 못 추고 있다. 봄에 꽃피려던 문학이 가을의 된서리를 맞는 현상이라고나 할까? 진정 인간의 속내를 완전히 파헤치는 우리의 서사시가 나와 인류를 깜짝 놀라게 할 수만 있다면 얼마나 좋을까.

우리의 말과 글을 발전시키는 일이 가장 세계적이고 국제적인 일이라고 생각하는 사람들이 많아야 한다. 그것만이 우리 문학을 살찌우는 길이다. 말은 사상의 언어요 글은 곧 사람이다.

책을 읽는 사람

나는 초등학교 시절부터 책을 많이 읽는다고 책벌레란 별명을 들었다. 나는 이 별명이 나에게 맞는지, 안 맞는지도 분별하지 않고 그 소리만 들으면 주눅이 들어 쥐구멍이라도 들어가고 싶은 생각에 빠졌다. 그 까닭은 책벌레란 별명을 들을 만큼 의도적으로 책을 읽지 않았기 때문이다. 재미있었기에 책을 손에서 떼지 않고 읽었을 뿐 결코 남에게 우쭐대기 위하여 읽은 게 아니었다.

초등학교 때는 명작동화를 많이 읽었다. 그 속에는 내가 살고 있는 세상이 아닌 다른 세상, 참으로 아름다운 세상이 있었기에 그런 세상에서 살고 싶었고, 책 속에 등장하는 동화 속의 인물들과 친구가 되고 싶었다.

중 · 고교 때는 방학을 이용해서 국내외의 명작소설과 고

전, 그리고 시집을 읽었다. 특히 세계문학전집은 계획을 세워 하루, 일정한 시간을 정해 읽었기 때문에 내 책상 머리에는 독서계획표가 붙어 있었다. 고통스런 삶의 이야기를 읽다가 가슴이 답답하거나 머리가 무거워지면 시집을 꺼내들고 읽었다. 참으로 시원한 바람같은 시, 짤막한 시구詩句에서 인생의 깊은 고뇌를 발견하고 무릎을 쳤다. 30권짜리 전집, 50권, 1백 권짜리 전집을 독파해 나가면서 나는 자랐고, 세상을 보는 눈이 생겼다. 이런 일들이 반복되었기에 추운 겨울방학도 빨리 보낼 수 있었고 덥고 지루했던 여름방학도 금방 보낼 수 있었다. 때문에 방학은 결코 길지 않았다. 어려운 책을 독파했다는 것이 친구들간의 자랑거리였고, 그들이 물어오는 말에 부족함없이 대답할 수 있었던 게 흡족했다.

나는 청년시절에(그 때 나이 열아홉이었지만) 6 · 25의 혼란통에 총상銃傷을 입고 관악산 연주암에서 근 1년을 보냈다. 이 때 읽은 동서양의 고전이 오늘의 나를 있게 만들었다고 생각한다. 이 때는 아침부터 밤늦게까지 책을 끼고 살았던 시절이었다. 헐렁하게 생긴 도승道僧으로 부터 전수받은 속독법은 3백 쪽짜리 책도 하루나 하루 반나절이면 읽어냈으니 그 때의 책 읽기는 죽고 살기로 덤볐던 것만 같다. 그 때의 독서량이 오늘의 나를 만들었다고 생각한다.

올해처럼 무더운 여름에도 한가하게 방에 들어 앉아 책을 읽었으면 한다. 그러나 세속사世俗事에 매어 책읽기는 고사하고 동서양으로 분주하게 왕래하고 있으니 결코 팔자가 편한 것은 아닌 것 같다. 지난 7월에는 금강산 구경을 하려고 이북에 갔었고 또 러시아에, 그리고 강의를 위하여 미국에 다녀오면서 팔자타령도 해 보았지만 밥먹는 일만 아니면 조용히 책을 읽는게 더위를 피하는 일이기도 하다. 옛날의 현군賢君들은 위대한 정치를 펼치기 위하여 재주있는 신하들에게 사가독서賜暇讀書를 하게 했다. 성삼문이나 박팽년 등을 절로 보내 글을 읽게 했고 그 비용을 나라에서 부담하였다. 그리고 그들에게서 새로운 아이디어를 얻었다. 부러운 제도요, 참으로 잘한 일이다.

지하철에서 공짜신문을 보는 게 고작인 현대인들에게는 엄청나게 부러운 제도가 될 것이다. 먹을 것과 입을 것을 대주고 조용한 산골짜기에 들어가 책만 읽을 수 있는 세상이 돌아온다면 요즘처럼 불볕더위가 기승을 부려도 오장육부까지 시원해질 것이다. 평소 읽고 싶던 책을 몇 권 싸들고 산사山寺에서 이 책들을 독파하면 얼마나 좋을까? 책을 많이 읽는 국민이 문화文化를 만든다는 사실을 알아야 할 것이다.

7월의 태양아래서

미국 서부지역을 여행하는 기회가 있었다. 햇볕이 내려 쪼였으나 바람이 알맞게 불어와 더위를 느낄 만큼 무덥지 않은 7월, 해양성 기후 탓으로 쾌청하기만한 샌프란시스코. 101번 고속도로를 달려 금문교를 지났고 80번 도로로 오클랜드도 가보았다. 샌프란시스코 베이의 아름다운 풍광을 보면서 금가루를 뿌려 놓은 듯한 햇볕의 축복을 맛보았다. 그리고 바다의 아름다움과 육지의 구경거리가 즐비한 이 도시에서 며칠을 보내는게 내게는 꿈만 같았다. 내가 여기를 몇 번째 왔던가? 열 번도 넘게 이 도시를 방문하지만 한번도 싫증나거나 실망해 본 일이 없었다. 따지고 보면 하늘에서 낸 자연自然의 도시. 손질하지 않은 자연 그대로의 천혜天惠의 도시란 생각이 들었지만 가만히 뜯어보면 사람의 손이 무척 많이 간 도시

이기도 하다. 길가에 서있는 나무 하나에도 온갖 정성을 다들여 가꿔 놓았으니 말이다. 이 광대한 국토를 구석구석까지 사람의 손길을 넣어 가꾸는 미국이 힘이 얼마나 큰지 놀라지 않을 수 없었다.

다음날 나는 요세미데 국립공원으로 가기 위하여 아침 아홉시에 산호세를 출발했다. 함께 탄 사람들은 모두 한국인이었다. 미국 전역에 흩어져 사는 글쓰는 사람들로 40대 이상의 남녀들이다. 미국으로 이민 와 살면서 모국어를 버리지 않고 한글을 쓰는 사람들이지만 반수 이상은 어디선가 만난 사람들이었다. 이들의 반가운 인사를 받으며 네 시간 반만에 요세미데 공원 안에 있는 호텔에 여장을 풀었다. 이들이 주최하는 문학캠프에 초청인사로 참석했으니 긴장도 되었지만 이 공원을 두 번째 방문한다는 사실이 가슴을 설레게 했다. 저녁 6시부터 세미나는 시작되었고 주제강연은 두 시간 가량 진행되었다. 말 한마디 놓치지 않으려는 참석자들의 초롱초롱한 눈동자에 내가 압도당하면서 발표는 끝났다. 그들은 미국에 살면서 몇 번째 문학캠프를 열었지만 이번처럼 진지하고 알찬 강의를 듣기는 처음이라고 찬사를 보내주어 내 마음은 한껏 부풀었다.

한 밤이 지나고 이틀째, 또 한 시간 반의 강의가 있은 뒤 나는 드디어 요세미데 정상을 올라가는 기회를 얻었다. 공원 안내원의 차를 빌려 타고 한 시간 가까이 달려 정상에 오른 뒤

알맞게 걷기도 하고 나무사이에서 숲을 구경하기도 했다. 아름드리 적송赤松이 빽빽하게 들어찬 산속에 아름다운 풀꽃이 피어있는 모습은 한마디 말로 표현할 수 없었다. 더구나 아름드리 소나무 밑둥에 이끼까지 파아랗게 자라 태고의 모습을 보여주는 것은 어디에서도 볼 수 없는 장관이었다. 그뿐인가. 나무와 나무사이에서 내려비치는 햇볕은 그야말로 빗살로 무늬져 한오큼씩 햇볕이 비치는가 하면 태고의 어둠을 나타내듯 음산하고 긴 그림자가 나무사이를 감돌고 있었다. 햇볕과 어둠이 서로 걷고 트는 모양에서 음양陰陽의 조화를 느꼈다면 거짓말이라고 할까? 햇볕과 그림자의 신비한 조화의 아름다움을 이 산속에서 느끼면서 나는 빼꼭하게 들어찬 나무를 사람으로 착각했다. 하늘을 떠받들고 있는 사람, 하늘의 순리順理를 깨우치며 살아가는 사람들이 이 지구위에 가득하듯, 이 산속에는 아름드리로 자란 나무들이 하늘을 이고 산다는 생각이 들었다. 사람과 나무가 일치一致되는 환상에 젖으면서 문학에 관하여 논의하며, 그것도 모국어로 쓰여지는 문학에 대하여 이야기하고, 서로 이해하려고 이틀 밤을 묵으면서 쉬지 않고 논의하는 정성에 탄복하지 않을 수 없었다. 요세미데 공원 안에 있는 나무가 사람이라면 그 사이사이에 피어있는 아름다운 꽃들은 문학이란 생각을 하면서 사람들의 체험과 삶의 실체가 문학에 들어앉아야 읽을 맛이 난다고 생각했다.

까마득한 옛날부터 있어왔던 원시림原始林에서 두 아름 세

아름이나 되는 나무가 하늘을 찌를 듯이 자라는 모습을 보면서 사람도 연륜이 쌓이면 나무처럼 곧게 하늘을 떠받들고 살 수 있을 것이란 생각을 했다. 7월의 빛나는 태양을 가슴속에 쓸어 담으면서 두 팔을 활짝 폈다. 강렬한 태양과 나무, 그리고 꽃과 새들이 이 산의 주인이라면 구경하는 나는 누구일까, 내가 할 소임은 무엇일까 생각해 보았다.

한국의 책 100권

10월 19일부터 독일 프랑크프르트에서 열리는 도서전에서 우리나라는 주빈국主賓國이 되어 여러 가지 행사를 벌인다. 특히 출판계에서는 요즘 독일에 안가느냐는 말이 인사처럼 되었다고 한다.

그만큼 출판계에서는 관심있는 일이 아닐 수 없다. 이 전시회에 우리나라에서는 100권의 책을 번역해서 출품한다. 그 내용은 한국을 알리는 책들로 우리나라의 정신문화를 한 눈에 볼 수 있는 것들이다. 번역서 100권이면 적은 것 같지만 우리의 형편으로는 엄청난 결과물이다. 번역하기도 어려웠지만 100권의 책을 선정하는데도 여간 힘이 든 게 아니다.

어느 것을 골라야 우리나라를 가장 잘 알릴 수 있는가 고민하지 않으면 안 될 것들이다. 지금 일각에서는 이 사업이 잘

못되었다느니, 또는 해외 군소출판사에서 출간되었다는 비판이 일고 있지만 이만한 규모로 동시에 번역 출간된 것은 처음 있는 일이다.

우리로서는 매우 뜻 깊은 일이며 해볼만한 일을 해냈다고 자랑해도 될 일이다. 이번 행사가 지식의 세계화와 학문의 세계화를 내세우는 일이 되기 때문에 박수를 쳐도 될 일이다.

지난 몇 년간 우리나라에 거세게 불어닥친 한류韓流를 보면서 여러 가지 생각을 안 할 수 없다. 물론 한류는 대중문화가 선도하지만 지식인 사회나 예술인들이 손놓고 앉아 있을 수는 없다. 대중문화도 엄연한 우리의 문화이기 때문에 함께 박수를 치고, 우리 것을 세계에 알리는데 앞장 서야 한다. 말하자면 지식인과 순수 예술인들은 이 상품에 끼어들어 지식의 한류, 예술의 한류를 만들어야 한다. 그래야만 우리의 학문과 예술이 세계에 진출하고 많은 사람들이 우리 것을 배워 알 것 아닌가,

대중문화의 한류는 일시적일 수 있다. 그러나 최근 급속도로 확산되는 대중문화가 세계로 뻗어 나가는 것을 볼 수 있기 때문에 우리의 대중문화가 어째서 이렇게 호응을 얻는가 생각해 보아야 한다.

우리의 대중문화가 인간이 갖는 보편적 감성을 건드렸거나 이를 구체적으로 나타냈기 때문에 가능했다는 생각이다. 한마디로 콘텐츠와 기술의 결합이 성공한 것으로 보인다.

지식이나 예술은 그 소비층이 대중문화와는 판이하다. 특정 주제에는 소비층이 매우 한정되어 있어 소수 그룹에서만 관심을 갖게 되지만 대중문화의 한류를 들여다보면서 깊은 반성을 해볼 필요가 있다고 생각한다. 지금까지 우리들은 서양의 이론과 방법론에 의존하여 인문학과 사회과학 그리고 예술을 발전시켜 왔기에 문화이식文化移植이란 명예롭지 못한 비판을 받아 왔다. 한편 생각하면 우리들은 우리의 지식과 학문, 예술의 세계화에 너무 소극적이거나 아니면 무관심 속에 방치해 두었다고 말해도 과언이 아니었다. 그 까닭을 살펴보면 서구의 이론과 방법론을 그대로 가져다 적용하고 분석하는데만 정신을 팔았을 뿐, 우리 것을 찾고 알리는 데는 소홀하지 않았나 생각된다. 복사본을 만드는 데는 능숙하지만 창의적인 일에는 미숙했다고 말해도 할 말이 없다.

문화의 세계화는 다분히 이중적이다. 특히 서구문화의 세계화에 눌려왔던 우리들이, 우리문화를 가지고 세계에 진출하자면 다양화 내지 잡종화가 필요하다. 창의적인 잡종화가 문화를 발전시킨다면 우리들은 그 방면으로 눈을 돌려야 한다.

우리의 시선으로 사회 및 문화현상을 파악하고 그것들을 담론화談論化 해서 본격적으로 토론해 보자는 것이 문화발전의 동력動力이 되어야 한다. 그렇다고 우리 것만 강조해서는 남의 눈총을 받게 마련이다. 자기 성찰省察을 통한 보편성과 특수성에 관하여 진지하게 고민해야 우리의 것이 보인다.

내 것만 강조하지 않고 남의 것도 인정하면서 우리 것의 우수성을 알리는 일이 곧 세계화요 지식과 예술의 한류를 만드는 길이다. 한국의 책 100권이 우리 지식과 예술의 세계화에서 중요한 계기를 마련했으면 한다.

글이 망하는 세상

글이 세상을 판쳐야 문화사회가 된다. 훌륭한 세상, 사람이 살맛나는 세상은 문화가 발전한 세상이다. 문화의 첫 글자, 문文도 글을 뜻하고 있다. 그런데 요즘 세상은 얼짱과 말짱이 판을 치고 있다. 얼굴이 예쁜 사람, 말을 그럴싸하게 잘하는 사람들이 세상을 헤집고 다녀 시끄럽게 만든다. 얼굴이 아무리 잘 생겼다고 글을 제대로 쓸 것이며 말을 잘 한다고 세상이 바뀌지 않는데, 사람들은 온통 호들갑을 떨어 말짱과 얼짱을 좇아다니며 경박하게 살아간다.

텔레비전의 확산으로 온 세상이 좁은 공간으로 축소된 양, 아주 가깝게 느껴지고 온갖 지식과 정보를 TV를 통해 얻게 되었다. 채널을 몇 개만 돌려도 우리가 만나고 싶어하는 명사名士들을 보게 된다. 그들은 화면을 통해 온갖 지식을 전해주지만 이제는 얼굴이 잘 생긴 탤런트를 동원하여 온갖 지식과 정보를 전해주는 사회가 되었다. TV도 더 많은 대중에게 다가가고 싶은 욕망이 있기 때문이다. 그래서 이름있는 얼짱과 말짱들이 TV에서 인생상담도 하고 철학도 이야기하고 문학과 음악, 심지어는 종교에 관계된 것도 말하고 있다. 이 시대는 「지성의 상징」이 탤런트가 되었다는 말이 맞는다. 그러니 깊은 생각을 담고 잘 정제精製된 글이 필요 없게 되었다. 사이버 공간에서는 더 기막힌 광경이 벌어진다. 인터넷으로 검색과 복제, 편집과정을 통한 짜깁기 논문과 글이 쏟아져 나오고 있다. 대학의 보고서도 모두 이곳에서 생산된다. 제 글이 아닌 남의 글을 뽑아다 쓰는 무례無禮가 조금도 창피하지 않게 느껴지는 세상이 되었다. 그러니 문학과 학문이 바로 존립存立할 수 있겠는가?

모든 사람들이 공들여 글쓰는 자세가 무너졌고 품위와 격조를 갖춘 말이 이 세상에서 자취를 감추게 되었다. 이러한 일들이 다반사로 벌어지는 세상에서 사회는 천박해졌고 사람들의 처신은 경박해졌다. 어떤 일이고 깊이 생각하고 결정하는 신중함 대신에 경박한 풍조가 앞질렀고 모든 것을 즉흥적으로 해석하는 일이 이 세상에 퍼지게 되었다. 사람들은 지성화에서 멀어지고 온통 감성화되어 속이 빈 강정이 되었다.

속빈 강정은 바삭대서 먹기 좋을지 모르지만 배부르지 않다. 배불리 먹고 힘써 일하려면 알찬 음식을 먹어야 하듯 우리는 문화文化를 재건再建하고 도덕을 재기再起해야 한다. 쾌락을 멀리하고 성찰省察을 내세워 깊이 있는 인생을 살아야 하고 가볍게 배설하는 삶이 아닌 고상한 인생을 살아가려면 글쓰기에 힘을 쏟아야 한다. 한 자 한 자를 수 놓듯, 원고지에 또박또박 눌러 쓰면서 문학과 학문을 생각하고 인격과 윤리, 도덕과 품위品位를 생각해야 한다. 얼굴이 예쁘다고 인생을 잘 살아내고 말을 잘 한다고 우리보다 앞서 세상을 살아가는 것은 아니다. 도리어 이들이 경박한 풍조를 세상에 쏟아내는 장본인이 되기도 한다.

언어는 표현해내는 기능만 있는 게 아니다. 그리고 정보를 전달하는 수단으로 존재하는 게 아니다. 인생을 살아가는데 있어서 문물文物을 정리하고 질서를 유지하며 삶의 지혜를 보태주는 영물靈物이다. 이런 까닭으로 우리들은 명문名文을 찾아 읽고 미문美文을 감상한다. 그러면서 훌륭한 글을 써서 독자들을 감동시키려고 노력한다. 글쓰는 일이 가능하지 않은 세상, 글이 망하는 세상에서는 역사의 몰락이 함께 온다는 사실을 우리들은 배웠다. 어떤 일이 있어도 글의 몰락은 막아야 하는 게 우리 문인文人들의 책무責務가 된다.

가요의 고품질화高品質化

한국 가요가 저질이란 말이 나돈 것은 어제 오늘의 일이 아니다. 특히 가사의 저질성은 폭넓게 이야기 되어 왔고 이를 보완하기 위하여 70년 대부터 한국을 대표할 만한 시인과 작곡가들이 모여 건전하고 아름다운 가요를 만들자고 논의했던 것도 사실이다.

내가 예총 사무총장으로 부임하면서 당시 연예협회 창작분과 위원장이었던 김병환(현 한국가요작가협회 이사장)회장과 손잡고 이 일을 논의하고 실천에 옮겨봤지만 큰 성과를 올리지 못했다.

그 때, 이야기 되었던 게 가사의 품질을 높여야 된다는 것이었다. 막말에 가까운 저질 가사에 곡을 붙여 가수들이 부르는 것만이라도 막아보자는 합의를 했는 데도 봇물 터지듯, 대중에게 확산되는 저질 가사는 어쩔 도리가 없었다. 그것도 명망있는 가수들이 작곡가들에게서 노래를 받아 부르면 그 속도는 짐작할 수 없으리만큼 널리 퍼져 나갔다. 그러나 명망있고 노련한 가수일수록 생각없이 노래를 불렀고 자신들이 부른 노래가 전국적으로 확산되어야만 인기를 누리는 것처럼 느끼고 있는 것 같아 가슴 아팠다.

이 때 미당 서정주 시인을 비롯하여 중견시인과 대가들이 10여 명 모여 가사의 정화를 위하여 한국가요의 가사들을 시적 수준으로까지 끌어올리려는 노력과 의욕을 보여서 노래로 작곡하기 좋은 시를 지어 길옥윤 씨를 비롯한 몇몇 작곡가에게 넘겨졌지만 생각만큼 일이 진척되지 않았다. 이런 운동적 차원의 노력이 벽에 부딪치자 좋은 가사를 써서 완벽한 시로도 작품성을 인정 받을만큼 가사를 아름답게 만들어 보자는 노력은 점점 수그러들었다.

그러나 나는 아직도 한국 가요의 가사가 시적 수준에 이르러야 하고 노랫말이 고품질화 되어야 한다는 생각에는 변함이 없다. 이 생각에는 김병환 회장도 동의할 것이다. 이 무렵에 자주 만났던 분이 작곡가 윤용하 선생과 박화목 시인이었다. 광화문에 있던 허름한 대포집이었지만 우리들은 날마다 만나서 음악과 시에 대하여 담소를 나누었고, 특히 윤용하 선생은 작곡할 만한 시가 없어서 고민이라고 장탄식을 늘어 놓았다.

프랑스의 샹송은 아닐지라도 아름다운 가사에 꼭 들어맞는 리듬으로 노래가 만들어지고 그것들을 온 국민이 부르고 사랑한다면 우리의 문화수준은 더 말할 필요도 없이 높아질 것이다.

문화는 균형적인 발전이 필요하다. 한쪽으로 치우치면 한국문화는 편식증에 걸린다. 가요만 즐겨 부르고 가곡을 멀리하면 대중의 문화수준은 저질로 치달을 수밖에 없다. 가곡과 가요가 공존의 틀을 유지할 때, 한국의 음악은 제자리를 차지할 수 있을 것이다.

아름다운 노랫말, 시적으로 손색없는 노랫말이 작곡되어 많은 사람들이 노래 부를 때, 한국의 가요는 제자리를 찾게 된다. 아름다운 시, 아름다운 곡조, 명망 있는 가요인이 합쳐진 바탕 위에서 건전하고 올곧은 작곡가들이 참여해 준다면 한국 가요의 저질화는 금방 막을 수 있을 것이다.

우리의 가요가 내실있고 충실한 발전을 하려면 역량있는 작곡가와 수준 높은 시인들이 손잡아야 한다. 이 길만이 한국 가요의 고품질화를 위하여 해나갈 일이다.

거저 주는 책과 공짜 구경

요즘 예술계에서 일어난 두 가지 일이 가슴 아프다. 하나는 "세계 연극의 날"(3월 27일)을 기념하기 위하여 공연장을 무료로 개방하는 일이요, 또 하나는 문학 나눔 행사 계획이다.

공연장의 무료 개방은 연극을 공짜로 구경시켜 주는 일이다. 서울 대학로에서 3~4월에 공연이 잡힌 극장들은 대개 이 계획에 참여하겠다는 의사를 밝혔다고 한다. 더 많은 사람들에게 연극의 재미를 붙여 주는 게 이 행사의 목적이라고 하지만 과연 공짜로 연극을 구경한 사람들이 계속해서 관객으로 남을까 생각해 보면 그렇지 않다라는 대답이 나온다. 이런 행사가 아니더라도 대학로의 연극관객은 공짜 손님이 절반이란 말이 나돈 지 오래다. 1일 유료관객이 20명도 안 되는 공연이 흔한 일인데 연극의 날 하루라지만 이것마저 공짜로 한다면 연극인은 어떻게 살까 걱정이다.

한국문화예술위원회 안에 문학나눔사업추진위원회가 있다. 문학이 모든 예술의 중심인데도 책이 안 팔리고, 시나 소설을 읽는 사람이 없어서 책 읽는 사람을 만들어 보자는 욕심에서 출발한 위원회다. 작년까지는 문학회생프로그램추진위원회가 있었다. 이 위원회가 얼마나 문학을 회생시켰는지는 당장 알 수 없지만 올해에는 문학나눔사업추진위원회다. 이런 위원회를 만들어 여러 가지 일을 추진한 것만도 반가운 일이다.

우리나라에서 글을 쓰며 살아가는 사람은 8천 명 정도, 그 중에서 글을 써서 밥을 먹는 사람(전업 작가)은 몇 명이 안 된다. 책이 안 팔리기 때문에 수입원이 거의 없다. 문예지가 100여 종이 된다지만 고료를 주는 잡지는 열 손가락에도 들지 않는다. 원고를 정리하여 출판사와 교섭해 봐도 선뜻 책을 내주겠다는 곳이 없어 울며 겨자 먹기로 자비출판을 한다. 팔리지 않으니 그 책을 선배, 동료, 후배들에게 거저 나눠준다. 죽지 않고 살아서 글을 쓴다는 표시처럼 말이다. 생각해 보면 문학 나눔 사업을 개인이 추진하고 있는 셈이다.

문학나눔사업추진위원회에서 올해에 각종 문예지에 게재된 우수작품을 선정하여 소설은 6백만 원, 시는 1백만 원씩 고료를 지원한다고 한다. 그리고 우수문학도서 선정사업으로 좋은 책은 2천부씩 사서 도서관과 군부대에 나눠준다고 한다.

몇 사람이 이 프로그램에 의해 혜택을 받을지 모르지만 춥고 배고픈 문단에서는 대체로 환영하고 있다. 그러나 한편 생각해보면 문학회생이다 나눔이다란 구호를 외치며 개최하는 행사가 얼마나 성과를 거둘지 모를 일이다. 올해에 그런 행사에 쓸 예산이 67억 원쯤 된다고 한다. 그 돈의 출처는 문예진흥기금 15억 원에 로또복권 기금에서 들어오는 52억 원을 합친 돈이라니 기가 막힌다. 문학이 언제부터 복권의 수입금을 가지고 문학 나눔 행사를 했던가 생각하니 신세가 처량하다.

아무리 국가가 문학을 등 밀고 부양한다고 해도 독자가 없으면 소용없는 일이다. 시인과 작가는 좋은 작품을 쓰려고 혼신의 힘을 기울이고 독자들은 그들의 작품을 읽고 자양분을 삼아야 될 텐데 뾰족한 방법이 없다. 그래서 해마다 연말이 되면 끼리끼리 나눠 먹었다는 고약한 소문이 나돌고 서로 헐뜯고 욕하는 일이 반복된다.

춥고 배고프기는 문학과 연극뿐이 아니다. 알맞은 수입으로 외식도 한달에 한두 번하고 책도 두서너 권씩 사서 읽으며 극장에 가서 구경하며 사는 날이 우리들에게 언제 올 것인가? 밤낮 경기가 안 좋다고 걱정하는 서민, 그리고 경제가 이제 자리 잡혀간다고 말하는 정부에게 묻고 싶다.

누가 속 시원하게 대답 좀 해보시오. 거저 나눠주는 책과 공짜 구경이 나눔 사업이 아니기를 바라는 마음 간절하기에 써 본 글이다.

거리의 예술품

현행 문예진흥법은 대형 건물마다 건축비의 0.7%를 미술장식에 쓰도록 규정하고 있다. 이 법이 시행된 게 1970년대, 그 때는 획기적인 법률로 우리나라 미술계가 숨통이 트여 엄청난 발전을 거둘 것이란 전망이었다. 그리고 미술계에서도 크게 환영했다. 당시 이 법을 추진하던 분들도 미술계 발전에 기대를 걸고 흥분에 가까운 분위기 속에서 입법과정을 도왔다.

그러나 이 법이 시행 된지 30여 년, 서울 시내 곳곳에서 거대한 흉물과 만나게 된다. 물론 건축물에 따라 액수가 다르겠지만 법의 규정대로라면 훌륭한 조각물이 들어서고 시민들은 이것들을 감상한 나머지 자랑으로 이어져야 할 텐데, 어쩐지 유명 건물에 훌륭한 조각물이 들어섰다는 이야기는 듣지 못했다.

법의 시행과정에서 문제가 발생한 것이다. 훌륭한 미술품을 만들어 도시환경의 아름다움을 유지하려면 미술품에 소요되는 예산이 정당하게 집행되어야 한다. 건축주는 건축비의 0.7%를 분명히 지출하고 미술가들은 이 돈을 틀림없이 받아 심혈을 기울인 좋은 작품을 내놓아야 할 터인데, 이 과정에서 건축주와 미술가들이 야합하여 적당히 거래한다는 소문이 계속 들려 왔다. 아무렇게나 만든 형편없는 미술품과 터무니없이 싼값으로 사들이는 건축주들이 도시미관을 해치는 주범으로 전락하여 큰 건물에 설치한 미술품치고 훌륭하다고 정평이 나있는 게 없다.

파리의 에펠탑도 처음에는 흉물논란이 있었다. 처음 세워졌을 때(1889) 파리 같은 아름다운 도시에는 맞지 않는다는 소리를 들었다. 소설가 모파상은 에펠탑 안에 있는 레스토랑에서 식사를 자주했는데, 그의 지인知人들이 '왜 레스토랑에서 식사를 자주하면서 에펠탑을 흉보느냐' 고 물으니 '이봐, 최소한 그곳에 들어 앉아 식사하는 동안만은 에펠탑을 안 봐도 되잖느냐' 고 말했다.

당시 건축 높이는 5~6층에 불과했는데 지상 320미터나 되는 높은 철제탑 안에 있는 식당에서 파리 시내를 내다보는 것은 분명 구경거리였음에 틀림없을진대 모파상은 즐거운 익살을 부렸음이 분명하지만 에펠탑을 파리의 상징으로 보지는 않았다.

시인이었던 베를렌은 길을 걸을 때, 에펠탑을 보지 않기 위해서 높은 건물로 꽉 찬 좁은 골목을 자주 이용했다는 기록이 있는 것을 보면 당시 프랑스 지식인들은 에펠탑을 미술품이나 파리의 상징으로 보지 않은 것이다. 허긴 무쇠로 만든 흉물이지 예술품은 아니란 생각이었을 것이다. 그러나 지금 에펠탑은 파리의 상징으로 세계에 널리 알려지고 해마다 4천만 명이나 되는 관람객이 찾는다. 그들이 내는 입장료는 6백만 유로 (약78억원)나 된다. 또한 TV나 책자의 광고에서 사진을 쓸 때도 꼭 사용료를 내야한다. 처음 이 탑을 지을 때는 고철로 만든 흉물이라고 비난 받던 에펠탑이 프랑스의 대표적인 상징물이 되었고 파리를 아름답게 만드는 예술품으로 자리가 바뀌었다.

거리의 환경조형물은 개인이 소장하는 미술품과는 다르다. 개인은 기호에 따라 미술품을 사서 집안에 걸어 놓으면 그만이지만 수많은 사람들이 왕래하는 거리에 설치된 조각품은 달라야한다. 큰 돌이나 보잘것없는 쇳덩이로 만든 조잡한 조각품이 건물을 장식한다고 생각할 때, 미술발전에도 기여하지 못한다.

최근 문화관광부는 오래된 이 논의를 종결지어야 된다는 견지에서 환경미술 제도 개정안을 내놓았다. 미술계에서는 이 안을 놓고 논란이 한창이다. 개정안의 핵심은 정부와 각

시·도에 공공미술위원회를 두어 환경미술의 기획과 심의, 선정 등의 운영 전반을 맡기자는 주장이지만 이를 반대하는 쪽에선 연간 7백억 원대에 이르는 환경조형물 시장을 공공미술위원회가 쥐락펴락할 게 아니냐는 의심의 눈길을 주어 그 논란이 뜨겁다. 뜨거운 논란을 잠재우는 것은 서로가 제 밥그릇 챙기는 일에서 물러서는 것뿐이다. 편을 갈라 내 것을 먼저 챙기지 않고 시민의 입장에서 생각하는 일이다. 그리고 한 발 더 나가서 한국 미술의 장래를 생각하고 거리의 환경을 어떻게 하면 더 아름답게 꾸밀까를 생각하여야 한다. 도시의 환경 조형물은 그 도시의 얼굴이기 때문이다.

4부

곡哭 박화목朴和穆 선생

박선생,

선생과의 처음 만남은 1960년대, 광화문에 있던 문총文總회관 근처의 대폿집으로 기억합니다. 박송朴松 시인과 함께 술을 마시고 있을 때, 박선생은 작곡가 윤용하尹龍河(보리밭의 작곡가) 선생과 함께 들어오셨고 빈대떡과 몇 가지 안주를 시키고는 이내 술을 마셨습니다. 그때 나는 교직에 있었기 때문에 윤용하 선생을 알고 있었고 그 분의 소개로 인사를 나누게 되었죠. 윤용하 선생은 동북고등학교 악대를 지휘하던 분으로 그 변변한 학교 졸업장이 없어서 만년 강사, 정식으로 교원에 임용되지 못해서 항상 가난했고 술값이 없어서 추레했었는데, 박선생께서 기독교 방송국에 계셨으니 그 무렵의 술값 지출로 호주머니가 꽤나 가벼웠을 것입니다. 그 뒤 우리들은 무엇 때문이었는지 의기투합, 거의 매일 만나게 되었고, 가끔 석용원石庸源 시인이 합석했고 때로는 그림 그리는 김광배金光培도 함께 어울렸는데, 광화문 모임이 재미있다고 입소문이 퍼져 아동문학가 김영일金英一선생, 이원수李元壽선생, 임인수林仁洙선생, 박홍근朴洪根선생 등과도 어울리게 되었습니다.

짧게 깎은 머리, 카랑카랑한 목소리, 순진한 너털웃음, 구부정한 키, 넥타이를 매기보다는 목까지 올라오는 세칭 도꾸리 셔츠를 즐겨 입던 박선생은 휴지를 꺼내 구두코를 닦던가, 아니면 빼금 담배를 피우며 술잔을 기울였고, 나는 흥겨우면 흥얼흥얼 노래를 불렀죠. 그 때마다 석용원이 "가만 가만"이란 말로 우리 둘 사이에 끼어들면 "왜 이래, 관심있어"라고 말하면서 마땅치 않게 생각하다가도 별 수 없이 자리를 옮겨 종로 한일관 앞 실비집에 가든가, 청진동 골목의 참파래, 관철동의 생맥주집으로 옮겨 다니며 술을 마셨죠. 이쯤되면 술값은 모두 내 차례가 되고 좌중은 흥이 붙어 왁자지껄, 떠들썩해졌으니 가히 술맛을 아는 사람들의 모임답게 주도酒道 몇 단을 외치면서 호기를 부렸습니다. 이런 술판이 60년대부터 70년대를 거쳐 80년대 초까지 이어졌으니 그 때 말하던 대로 작은 집 몇 채 값은 뱃속에 넣고 다닌다고 호기를 부릴 만했습니다.

박선생은 이럴 때마다 술값을 조달한다고 우리들을 불러다가 기독교방송 마이크 앞에 세웠고, 으레껏 사례금을 주어 격려(?)한 덕분으로 저녁마다 술자리에 참석하는 영광(?)을 누렸으니 여한이 있을 수 없었지요.

우리가 할 수 있는 일은 시를 낭송하거나 해설하고 두서없는 문학적 방담文學的 放談으로 시간을 때웠으니 방송 프로그램의 질은 말이 아니었을 것입니다. 그래도 박선생은 연방 잘했다고 격려하면서 가끔 사무실에서 손뼉도 쳤으니 구렁이 제 몸 추는 격이었지만 지금 생각하면 얼굴이 부끄러울 뿐입니다.

김영일 선생이 한국아동문학회장을 맡고 있을 때 박선생은 부회장으로 언제나 김선생의 뒤에 가려 있었습니다. 그래도 낯빛 하나 다르지 않게 김선생을 보좌(?)하는 것을 보고 "참 용하십니다."라고 말하니 "성박사는 왜 그럼 고문을 맡았어." 이 말이 대답이었습니다.

박선생이야말로 남을 배려할 줄 알고, 남을 위해서 일을 하는 중후한 인격과 성실한 태도를 가지셨습니다. 한국 아동문학회가 종로 한일관에서 해마다 시상식을 할 때, 나도 빠짐없이 참석했지만 박선생은 늘 김선생의 그림자처럼 따라다니며 2인자의 자리를 지키셨습니다. 한국아동문학회나 동요동인회, 그리고 문협의 아동분과회장을 거쳐 김영일 선생이 세상을 뜬 후, 아동문학회 회장이 될 때까지 박선생은 말 그대로 한국 아동문학계의 산 증인이었고 젊은이들을 감싸서 이끄는

견인차였습니다.

내가 펜클럽에 관계하면서 박선생은 펜클럽의 이사로 늘 나를 도와주셨고 그런 인연으로 해서 사우디아라비아, 유럽, 미국 등을 함께 여행했었죠. 그 때마다 늘 한방을 썼는데 아침저녁으로 짐을 정리하고 침대와 방을 정리하는 일은 박선생이 도맡아 하셨기에 내가 얼마나 부끄러웠는지 모릅니다. 내가 게으른 탓도 있었지만 박선생은 아침 일찍 일어나 샤워를 할 때도 소리 없이 하셨지만 나는 물소리를 내가면서 어떤 때는 휘파람도 불어가며 몸을 씻었으니 박선생의 눈으로 봐서도 철없는 사람으로 보였겠지요.

80년대에 쿠웨이트에서 비행기를 갈아타고 사우디아라비아로 갈 때 새벽인지라 내가 졸고 있었는데 박선생은 벌써 비행기를 갈아탔고 나는 그대로 의자에 앉아 가물가물 잠 속을 헤맬 때, 누군가 어깨를 치고 "자면 어떡해"라고 말하여, 눈을 번쩍 뜨니 박선생이었습니다. 비행기에까지 갔다가 내가 없어서 다시 돌아나왔다는 박선생의 말을 듣고 얼마나 무안했던지 "참 잠이 원수군요."라고 중얼거릴 때, 박선생은 "사실은 나도 졸았으니까"라고 말하면서 나를 위로해 주셨습니다. 리야드를 거쳐 타이프로, 타이프에서 메카, 메카에서 홍해를 접하고 있는 지다를 거쳐 우리는 런던으로 갔었죠. 재미있는 여행이었습니다. 어떤 때는 호기심에 가득 찬 눈길로 거리 구경을 했고 특히 박물관, 미술관에서 우리는 얼마나 많은 감동을 받았던가요.

미국 여행도 마찬가지였습니다. 장동섭 목사의 초청으로 우리 둘은 LA에 갔고 그곳에서 강연과 세미나, 그리고 재미 문인들과 어울려 문학에 관한 토론을 하고 롱비취, 산타모니카 해변 등, 좋은 구경도 많이 했습니다. 그 때는 박선생이 건강이 많이 안 좋아 '외국여행은 이제 마지막인 것 같다.' 라고 말씀하시는 것을 듣고 '쓸데 없는 소리는…' 라고 말했지만 나는 몹시 쓸쓸한 생각을 간직하게 되었습니다.

80년대 말부터 90년대까지 내가 한국교원대학에 있을 때, 〈아동문학과 교육〉이란 과목을 설강設講하고 박선생을 초빙, 강의를 담당하도록 했을 때, 박선생은 참으로 많은 의욕을 보였습니다. 이 때, 몇 년을 우리는 매주 만나서 이야기를 나누고 문단에 관한 일을 상의도 했지요. 그 때부터 '펜클럽은 성박사가 맡아서 해야 된다.' 고 나를 부추겼고 깨끗한 문단, 소리 없는 문단이 되어야 한다고 역설할 때마다 나는 두 주먹을 불끈 쥐기도 했습니다. 위장이든가, 하여튼 박선생이 수술을 받은 후 밥을 먹지 못하고 가방 속에 맥주 캔을 넣어 가지고 다니면서 '의사가 맥주만 마시래' 라고 말하면서 내 연구실에서 캔맥주를 꺼내 마실 때, 나는 그 말이 거짓인 줄 알고 '대낮부터 무슨 맥주냐.' 고 핀잔을 주었습니다. 그 때 함께 왔던 아동문학가 김신철씨가 '정말이지라 정말' 이라고 전라도 사투리로 말하면서 박선생을 역성들 때, 나는 김신철씨를 무척 나무랬지요. 지금은 그도 이 세상에 없지만(박선생보다 먼저 저 세상으로 갔지만) 박선생의 식사법은 참으로 이상하다는 생각이 들었습니다. 맥주를 식사 대신으로 마시는 환자는 처음 보았으니까요.

내가 한국 펜클럽의 31대 회장에 당선되었을 때, 그렇게도 좋아하던 박선생의 얼굴을 지금도 잊을 수 없습니다. 차츰 건강을 잃어가던 때, 박선생의 함박꽃 같은 웃음을 30년만에 처음 보았으니까요.

박선생, 이 세상에 누가 있어 삶에 관한 걱정을 하며 인생 넋두리를 한단 말입니까. 무엇이고 숨김 없이 박선생께 털어놓았는데 이제는 먼저 저 세상으로 가셨으니 참으로 답답합니다.

지난 3월에 있었던 펜회장 선거 때 아동문학을 하는 모씨 때문에 추천인이 되었지만 본디 마음은 그렇지 않으니 양해해 달라고 말씀하시던 목소리가 지금도 기억이 납니다. 참으로 미안하게 되었다는 말을 맺지 못하고 전화를 끊었는데, 그 뒤 박선생은 말씀대로 소신껏 일처리를 했으리라 믿습니다.

부디 저승에서도 활짝 웃는 얼굴, 언제나 천진스런 아이들 마음을 가지고 그 좋아하던 동시를 외면서 이승을 생각하십시오.

소설가 고故 명천鳴川 이문구李文求 형을 보내면서

명천鳴川, 이문구李文求 형, 우리 둘이 만났을 때 나는 서슴없이 "문구야!"라고 불렀지만 오늘은 문구 형이라 부르겠습니다.

그 까닭은 오늘 이 자리가 형을 이 세상에서 마지막으로 보내는 날이고 여기 모인 여러 사람들이 형을 떠나보내기 위하여 슬픔에 잠겨있는 영결식장이며 또한 형이 이 세상에 남겨놓은 여러 가지 일들을 생각하고 기리는 자리이기 때문입니다.

형과 내가 만난 것은 1960년대 말, 형이 김동리 선생의 추천으로 문단에 발을 내디뎠을 때, 형과 나는 충청도에서 서울로 올라와 낯설고 물 선 땅에서 만났습니다.

그 때 형은 고향의 맏형으로 나를 대했고 나는 막내 동생

쯤으로 여겨 서로 거리감 없이 지내고자 생각했으나 형은 언제나 나를 선생으로 대접하여 여러 번 그러지 말라고 일렀으나 이 세상을 버릴 때까지 형은 한결같은 몸가짐으로 응대해주었습니다. 허긴 내가 10여 년이나 연상이었으니 그럴 만도 합니다만-.

특히 70년대, 유신 정권 중반부터 문단에는 보이지 않는 이상 기류가 흘러 제도권 문단과 운동권 문단으로 갈려 서로가 서로를 믿지 못할 때, 형은 운동권 문단의 핵심에 서서 작고 큰 일을 나에게 상의해 왔습니다. 나는 그 때, 서슬이 시퍼럴 때, 어떻게 나를 믿고 이런 일들을 부탁하는가, 마음도 켕겼지만 형의 진지한 모습과 거짓 없는 태도에 이끌려 언제나 형의 부탁을 듣고, 심부름해주는 것으로 즐거움을 삼았습니다.

1985년, 창작과 비평의 출판등록 취소사건, 1977년 시집 〈겨울공화국〉 발행에 따른 구속사건, 1978년 자유실천 문인협회 주최 민족문학의 밤 사건으로 인한 당사자 구속과 단식농성, 1979년 문학인 선언사건으로 선언문 집필자의 연행, 1981년 김대중 내란음모사건에 연루한 시인이 중이염으로 고생하는 것을 본인의 요구대로 서울대 병원으로 옮겨 수술을 받게 했던 일, 그 해 8월, 세계 펜 대회를 계기로 구속 수감 중인 문인들을 형집행 정지로 석방시키게 된 일들은 모두 형이 나에게 부탁한 일이었습니다.

그럴 때마다 형은 “또 왔시유”라고 말했고, 나는 “또 뭔데?” 라고 되물으면 그때서야 사정을 소상하게 말하고 일머리를 훈수해 주었습니다. 내가 사정을 잘 모르니 형이 말하는 것을 자세하게 메모해서 만나 달라는 사람들을 만났고 사건의 내용을 열심히 설명하면 일은 의외로 잘 풀렸습니다.

실천문학을 계간지로 등록할 때, 당국자를 설득하는데 애를 먹었지만 결국 성공했고 실천문학사에서 찍어낸 친일문학 작품선집과 부정기 간행물이었던 민중 교육지 발간으로 형이 구속되고 실천문학이 폐간조치를 당할 때도 형의 석방과 폐간조치 취소를 위해 동분서주했던 일들은 모두 형의 껌벅거리는 눈빛과 어눌한 말씨, 느린 행보 속에 숨겨진 진실을 믿었기 때문에 서슴없이 내가 움직였던 것이었습니다.

그래서 형은 소줏잔이나 마시면 나를 난세의 후견인이라고 추켜세웠고 제도권 문학단체의 재야적 투사라고 말하고 다녔었습니다. 내가 형이 이렇게 말하는 것을 들으면서도 무안해하고 민망스럽게 여기면 “증말 고마우니께 그러는 거쥬” 라고 싱긋 웃기만 하던 형이 뒷날 그 때의 일들을 소상하게 글로 써서 발표한 것을 보고서야 참으로 자랑스런 고향의 후배라고 생각하였습니다.

형은 나를 가리켜 싸움은 걸 줄 모르면서도 싸울 줄 아는 사람이라고 추켜세우는 바람에 형이 부탁하는 일들을 정성껏 봐 주다가 5공 정권에 찍혀 집도 절도 없는 딱한 처지에

몰렸을 때, 이 번에는 거꾸로 형이 앞장서서 청원서와 건의서를 만들어 들고 다니며 도장을 받아다 준 일을 잊을 수 없습니다.

내가 살던 집 자리에 단군전을 짓는다고 졸지에 공고를 내고 느닷없이 철거반이 달려들어 하루 만에 몽땅 부숴 버렸으니 나는 길에 나 앉는 신세가 되었습니다. 이 때 나는 싸움도 걸 줄도 모르고 싸울 줄도 모르는 사람이라고 스스로 탄식하고 있을 때 형의 말 몇 마디가 내 뼛속까지 박혀오는 것을 느꼈습니다.

그리고 남자의 의리, 글 쓰는 사람들의 빳빳한 정의감, 선비의 자존심 따위를 생각하게 되었습니다. 글 쓰는 이들은 정치인의 희생물이 되어서는 절대로 안 된다는 것과 무슨 수를 다 해서라도 정치적 희생으로부터 벗어나야 하며 문학이 사상과 표현의 자유 및 정치현실에 대한 저항권의 옹호자가 되어야 한다는 굳은 신념을 갖게 되었습니다. 곧, 이 부분이 형과 내가 의기투합해서 어지러웠던 70~80년대에 손을 맞잡고 일하게 된 동기가 되었던 것입니다.

그러나 때로 형은 형을 믿고 따르던 동료 문인들에게서 제도권 문단에 있던 나와 교류한다고 냉대를 받고 손가락질을 당한다고 나에게 종종 호소도 하였습니다. 그 때마다 우리의 진실을 세상이 알고, 모든 사람들이 이해할 것이라고 서로를 위로하기도 하였으니 그 때를 생각해 보면 세상은 틀림없이 어지러웠습니다.

형이 늘 나에게 말하지 않았습니까? 나를 이용해서 “어려운 일을 해결 할테니 모르는 척하고 열심히 속아 달라구” 그 말을 들을 때마다 “나도 곧 늙어 죽을텐데 열심히 해 보아야지” 라고 말을 받으면 “선생님이 돌아가시면 장사는 지가 지낼 게 걱정 말아 유” 라고 말했었는데……

오호 통재라, 오늘 내가 이 세상에 남아있고 형이 먼저 저 세상으로 가는 영결식에서 조사를 하게 되었습니다. 세상에 이런 일이 또 어디 있습니까?

이제 저승에서는 나를 이용할 것도, 나에게 부탁할 것도 아옹다옹 서로 싸울 것도 없을 테니 편안히 누워 지내십시오. 생전에 가시방석에 앉은 것처럼 괴로워하던 형의 속내도 모두 털어버리고 내가 저승에 갈 때까지 자리 하나 마련하고 기다려 주시오.

오늘 형의 영결식은 전 문단이 하나가 되어 치러지고 있습니다. 이런 일은 지금까지 없었었는데, 형은 생전에 처음 있는 일을 잘 만들어내고 그 마지막을 잘 갈무리하던 솜씨가 살아있는 우리들에게 이렇게 하나가 되라고 일러준 것 같이 생각됩니다.

형은 70~80년대 제도권과 운동권 문단으로 갈려 딴 살림을 차릴 때도 이 두 동아리를 두루 잘 알고 살피는 다리 역할을 한 최초이고 최후가 되는 사람이었습니다.

앞으로도 의견을 달리 살림을 차린 단체들이 오늘과 같은 생각을 하고 이렇게 하나가 되는 모습을 때때로 보여주는 일이 많아지기를 바라는 마음 간절할 뿐입니다. 아마 그게 형의 뜻인 것 같습니다.

형을 떠나보내자니 슬픔과 눈물이 앞을 가립니다. 형이 못 듣는다 해도 우리 마지막으로 생전에 정답게 부르던 이름이나 한번 불러 봅시다.

"이문구 형!, 이문구 형!……."

이 세상에서 이루지 못한 것들일랑 몽땅 잊고 저승에서 편안하게 살아가시오. 슬픔이 앞을 가려 더 말을 잇지 못하겠습니다.

“나”와 “우리”의 관계

나보다 우리를 먼저 생각하라고 가르친다. 나를 먼저 생각하면 이기利己이기에 빠져 남을 배려할 줄 모른다는 것이다. 옳은 말이다. 우리라는 공동체共同體를 생각하기 전에 나를 생각하면 앞이 안 보인다. 이치가 이런데도 제 일을 제가하고 남보다 앞서서 솔선수범하라고 가르친다. 이 대목에서는 남과 더불어 사는 공동체가 안 보인다.

사람은 누구나 이기적利己的이기 때문에 남을 배려하기보다 자신의 풍족豊足과 영달榮達을 위하여 노력한다. 그것은 사람의 본성本性이 슬프게도 이기적이기 때문이다. 제 자식에게는 열심히 공부해서 좋은 대학에 가라면서 정작 자신은 밖에 나가 학벌 차별을 없애야 한다고 외친다. 정직하게 노력한 사람이 대우받는 사회가 되어야 한다고 핏발을 세우지만 정직하게 노력해서 얻은 사람의 기득권은 인정하지 않는다. 피땀 흘려 얻은 재화財貨를 축적해서 부자가 된 사람을 존경하지 않는 사회는 "나"만 있을 뿐 "우리"가 없다. 책임있는 시민사회市民社會는 개인의 선택과 사회에 대한 의무로 짜여진 질서가 있어야 한다. 그 게 상식이고 나와 우리가 공존共存하는 기틀이 된다. 그런데도 개인의 선택과 책임보다 집단적 해결을 중요하게 여기는 사람들이 너무 많다. 자본주의資本主義는 우리들을 잘 살게 했고 경쟁하는 능력을 부여했지만 불평등不平等이란 반갑잖은 결과를 가져다 주었다. 소수의 유능한 사람에게 능력발휘의 기회를 만들어 주면서 엄청난 소득격차所得格差를 벌려 놓았다. 연봉 2억 원 짜리가 있는가 하면 한달 월급 1백만 원 짜리도 있게 만들었다. 이런 불평등을 막는 일은 균등한 분배分配라고 하지만 분배정책이 앞서면 성장成長이 둔화된다. 참으로 고르지 못한 현실이다.

베스트 셀러 작가들에게는 유명한 출판사가 따라 붙는다. 선인세를 주면서 원고 얻기 경쟁을 한다. 새로운 베스트 셀러 작가를 발굴해서 출판사도 살아야 되지만 그런 무모한 짓을 하지 않는다. 이미 자리가 잡힌 사람을 끌어들여 일을 벌이고자 한다.

승자 독식勝者 獨食의 법칙은 빈익빈, 부익부의 심각한 현상을 노출했지만 누구도 당연한 일로 여긴다. 입 뜬 사람이면 누구나 개혁을 외친다. 그러나 개혁의 모델이 어떤 것인지 제시하지 못한다. 문단에서도 개혁 바람이 불지만 무엇을 어떻게 개혁하자는 것인지 알 수 없다. 95%가 넘는 유례없는 정관개정 찬반투표, 몇 사람으로 지지자가 쏠리는 현상들을 지식인들이 해서는 안 될 일이란 생각이다. 그런데도 아무런 반성없이 이런 현상이 일어나고 있다. 그것도 개혁이란 이름으로 일어나고 있는데 경악을 금치 못한다.

개혁 모델을 제시할 수 없다면 지금까지 있어왔던 법과 질서를 정직하게 지켜주는 것만으로도 충분한 개혁이 된다. 그러나 몇 사람의 기득권자들이 자의적恣意的인 해석이 법과 질서인양 활개치고 다니는 곳에서는 건전한 개혁이 있을 수 없다. 나만 옳고 다른 사람의 의견이나 결정은 옳지 않다는 생각, 나만이 모든 것을 해낼 수 있다는 독선은 시대의 흐름을 막고 개혁을 실종시키는 힘으로 발전한다.

전업작가專業作家 열댓 명만이 밥을 먹는 한국문단에서 원고료를 받기란 하늘에 별따기이다. 글을 써서 밥을 먹는다는 일은 상상하기조차 힘들다. 그러면서도 꾸준히 문필文筆을 버리지 못하는 이유는 어디 있는가? 나의 주장을 우리란 공동체의 의견으로 환치換置시킬 수 있다는 큰 뜻이 있기 때문에 가능하다. 꿋꿋한 선비정신, 어떤 큰 일을 해내는 기초적 설계를 한다는 의무감, 생생한 내 생각을 독자들에게 옮겨 놓는다는 희열, 때로는 아름다운 문장에 심취心醉되어 무릎을 치는 여유로움, 이런 것들이 글쓰는 일을 중단하지 못하게 한다. 그런데도 많은 문인文人들이 바람부는 대로, 물결치는 대로 오늘은 여기,

내일은 저기란 생각으로 앉은 자리를 바꾸고, 앉을 자리도 찾지 못하는 청맹과니 당달봉사가 되어 우왕좌왕하는 모습을 만나게 된다. 이 기막힌 노릇을 누구에게 말할 수 있을까.

어떤 사람은 글쓰는 사람들의 자질을 말하고 또 이런 이들은 세상을 탓하기도 하지만 역시 글쓰는 사람들의 자질이 문제인 것 같다. 글을 쓸만한 인격人格과 학식을 가진 사람, 예술적 감각이 있는 사람들이 글을 쓴다면 이런 문제는 자연적으로 없어진다는 생각이 든다. 누구에게 탓할 일이 아니란 생각을 하면서 부끄럽게 여긴다.

결국 글쓰는 사람들이 가난해서, 먹고 살기 어려워 이런 일이 생겼다는 결론이고 보면 글쓰는 이들도 먹고 살만치 돈은 있어야겠다. 굶는다면 좋은 글을 쓰기보다는 배고픔을 면하기 위하여 밥벌이 글을 쓰는 사람이 늘어날 것은 당연하다.

오늘의 현실은 밥벌이 글을 쓰는 사람이 너무도 많다. 자신의 곧은 의지나 생각보다 글을 부탁하는 사람의 비위를 맞추기 위하여 쓰는 글, 써서는 안 되는 헛소리를 글에 담아 독자들의 눈을 속이는 사람들이 너무 많다. 우리란 공동체를 폄하하고 훼손하는 글이 양산量産되는 사회는 정상적인 사회라고 볼 수 없다. 글이 이 지경이기 때문에 사람들은 거짓말을 서슴없이 한다. 거짓과 발라 맞추는 글만 있는 세상에서 나와 우리의 관계가 형평을 이루기란 도저히 불가능하다. 글만이라도 진실과 감동이 가득찬 뼈대 있는 글이 쓰여지길 바란다.

수필의 임무任務

내가 2001년, 국제펜클럽 한국본부 회장에 취임하면서 펜클럽에서 외부기관, 또는 각 단체나 개인에게 보내는 공식문서의 첫머리에 "문학이 참사람을 만든다"라는 말을 써넣게 했다. 그래서 지금까지 펜클럽의 모든 문서에는 이 말이 들어 있다. 펜클럽의 문서를 본 많은 사람들은 문학단체에서는 꼭 되새겨 볼만한 말이라고 한다.

이 말은 문학이 무엇인가? 생각해보게 하는 말이고 문학이 인간에게 어떤 기능을 갖는가 살펴보는 것이지만 우리가 문학을 하는 이유를 분명하게 생각해 보자는 뜻도 들어 있다. 우리들은 무엇 때문에 문학을 하는가?

어떤 이는 문학에서 재미를 느낀다고 말하고 또 어떤 이는 문학 속에서 지식을 얻는다고 말하지만 우리가 읽는 많은 글을 이 두 가지로 한정짓기는 매우 어렵다. 나는 문학 속에서 재미와 지식을 한꺼번에 얻어야 한다는 생각을 갖는다. 인생이 살아가는 재미와 이성적 활동을 뒷받침하는 지식을 얻으려고 문학을 한다면 문학은 반드시 참사람을 만드는데 공헌할 것이다.

문학은 시와 소설, 수필과 희곡 등으로 이루어져 있다. 그중에서도 우리가 가장 손쉽게 읽히고 접할 수 있는 글이 수필이다. 수필의 개념은 지금까지 작가의 생활 주변의 경험을 짤막하게 산문으로 써놓은 글이란 수준으로 정리되어 있을 뿐이다.

수필은 개성이나 상상이 필요 없는 글이란 생각은 수필이 문학이 아니라고 스스로 인정하는 꼴이 되었고 수필이 문학 장르 속에 들어 갈 수 없는 논리를 스스로 만들어 문학과 먼 거리를 두고 헤매게 했다. 이런 생각 때문에 시나 소설과 같이 문학적 틀과 예술적 기교를 명확하게 설명할 이론이 없으니까 수필가들은 시인과 소설가들에게 따돌림을 당하고 스스로 문학의 족보에서 멀찌감치 떠나 있었다고 생각된다.

한국수필의 여러 가지 문제는 바로 여기에서 출발했다. 시인이나 소설가와 마찬가지로 수필가도 언어 예술가들이다. 말과 글로 예술을 만드는 사람인데 자기 생활주변의 이야기만 써서야 되겠는가? 자신의 삶 속에서 단편적인 사건을 아무리 재미있게 서술한다쳐도 예술성이 없으면 문학이 아니다. 그것은 삶의 진실을 서술한 문장으로 취미와 교양을 기초로 한 것이다. 이런 문장들이 창작에 이르려면 수필 장르에 대한 핵심을 파악할 필요가 있다.

시인이나 소설가들은 수필을 언어예술로 인정하려 들지 않는다. 이것은 어느 나라나 마찬가지다. 때문에 수필가들은 이에 대하여 기본적인 이론체계를 개발해야 될 책임과 의무가 있다.

수필이 사실의 세계만을 기록한다면 문학이 될 수 없다. 때문에 수필이 문학이 되려면 예술의 필수적 조건인 상상과 표현의 세계를 중시해야 한다. 실제적 경험을 상상의 세계에 대입代入시키는 방법을 찾는 수필가가 훌륭한 문학인이 된다. 그 방법은 편협한 작가의 상상이 아니라 독자들이 수필을 읽고 스스로 상상의 세계를 찾아가도록 안내하는 방법을 찾아내야 한다. 이것이 수필에서 상상에 관한 문제이며 또한 수필 문장의 틀이 되어야 한다. 수필이 시적정신詩的精神을 바탕으로 이루어내는 산문형식散文形式을 갖춘 문장이어야 한다는 이유이기도 하다.

이 점이 수필만이 미래의 문학으로 오래 남을 수 있는 장점을 갖추었다고 할 것이다. 아나톨 프랑스Anatol France가 말한 "어느 날엔가 수필이 모든 문예를 흡수해 버릴 것"으로 예측한 것도 시와 소설의 장점을 모아 엮어낸 문장이기 때문이란 생각이다. 이뿐인가, 독일의 유스트Klaus Gu nther just는 “에세이는 당연히 시사적 표현을 기본으로 하면서도 희곡적 요소에서 오는 극적 대화와 문제의식의 긴장에서 오는 반사적 독백 양식을 함께 하고 서정적 요소에서 오는 감정적 율동과 마력을 융합하고 있기 때문에 이종생식異種生殖의 현상으로 생성되는 장르”라고 말했다. 이 말은 수필의 미래가 무한하다는 것을 의식한 말이다.

한국의 수필가는 2천 명을 넘는다고 한다. 그 많은 수필가들이 각자 자신의 문체를 개발하고 틀을 만든 뒤, 생각하는 수필, 서정성이 넘치는 수필, 지식전달의 도구로 쓰이는 수필, 사회현실을 바로잡는 수필로 써낼 수 있는 능력을 고루 갖추었다면 수필문학의 장래는 걱정할 필요가 없다.

문학이 참사람을 만드는 것은 틀림없지만 수필문학이 참사람을 만드는데 앞장 설 수밖에 없는 이유가 여기에 있다. 이러한 책임을 다할 때 수필문학의 임무는 완결된다.

오늘의 문학은 장르적 통합이 이루어질 것이라고 예견하는 사람들이 많다. 이 말은 영상정보화 시대를 의식한 아나톨 프랑스의 말이지만 그 보다 더 앞선 앨빈 캐넌Alvin kenun은 문학의 위기 시대로 보았다. 시는 너무 어렵고 소설은 길어서 영상시대에는 수필이 독자들의 사랑을 받게 될 것이란 예측이다. 문학이 단연 모든 학문이나 지식을 선점하는 경쟁력에서 선두주자先頭走者로 나설 수 있다는 예견이 쏟아지는데도 우리의 수필작단隨筆作壇은 아무런 변화가 없이 천편일률적으로 신변사에 얽힌 사실적事實的 문장文章만을 수필이라고 고집한다면 독자들을 식상하게 만들 것이다.

문학적 수필문장으로 형상화하고 작가의 역량을 고루 갖춰 발휘할 수 있는 문장, 질박質朴하되 속되지 않은 문장, 재미있되 지식이 들어 있는 문장을 생산해내는 것이 수필가들의 임무가 되어야 한다.

한국수필의 자구책自救策을 위한 처방

오늘의 우리 문학을 진단하면서 문단만 있고 문학이 없다고 말하는 이가 있다. 과연 그럴까? 문단만 있고 문학이 없다는 말은 글쓰는 이는 많은데 글같은 글이 없다는 말과 같다. 우리 문학의 수치요 우리 문단의 당면한 고민이 아닐 수 없다.

수필가 2천 명 시대, 수필지가 십여 개가 발간되는데도 한국 수필의 수준과 모양새는 말이 아니라고 진단하는 사람들이 있는 것은 불행한 일이다. 이런 말을 들을 때마다 수필다운 수필을 쓰는 사람들의 좋은 글을 담아내는 잡지가 필요하고 좋은 수필가를 발굴 해내는 일이 시급하다고 생각했다. 그리고 수필의 이론과 수필계에 얽힌 건강하고 신선한 담론談論

을 소개하고 한국수필의 진로進路를 밝히는 글을 모아 지금까지 여러 수필잡지가 수행해 온 관행에서 벗어나는, 차별성을 가진 수필잡지가 하나 쯤 있어야 한다고 생각해 왔다.

혼탁한 공기에 익숙한 사람은 신선한 공기의 맛을 잘 모르지만 신선한 공기 속에서 살아가는 사람들은 혼탁한 공기를 금세 알아차린다. 이것이 거칠고 어지럽고 한없이 나약한 오늘의 수필문단에 신선한 공기 역할을 자임自任하고 탄생하는 『수필시대』의 고고한 목소리임을 만천하에 밝힌다.

상업주의와 짝을 지어 어지럽게 치장한 수필이 설쳐대는 모습을 보아 온 우리들은 진정한 수필을 만날 수 없다. 소수의 엘리트들의 생산품으로 알아왔던 문학의 전통적 개념을 수정할 수밖에 없는 오늘의 현실에서 누구나 자유롭게 수필집을 출판할 수 있는 시대에 묻혀 사는 우리들은 날마다 쏟아져 나오는 아마추어 수준의 수필집, 동호인들의 만드는 동인지들을 소나기처럼 만나게 된다. 책 발간이 대중화 된 마당에서 홍수처럼 쏟아지는 글을 누구도 막을 권리가 없다.

책방엘 가보자. 수준 높은 수필집과 대중 교양물로서의 볼품없고 가벼운 글들이 함께 진열된 것을 보면 우리들은 혼란에 빠질 수밖에 없다. 이런 혼란의 와중에서 유능한 신인들이 매장되는 것을 새롭게 발견하는 눈이 필요하다.

본격 수필작품과 대중적인 글을 구별하고 동호인 수준의 수필을 직업적인 작가의식을 지니고 쓰도록 다그치는 작업이 당분간은 필요하다. 밥에 들어 있는 뉘를 골라내듯 한국 수필의 장래를 위하여 세심한 주의를 기울이는 『수필시대』가 되고 싶다. 창작활동은 최고를 위하여 최선을 다해야만 명분名分을 얻을 수 있다는 것을 모든 이에게 보여줘야 한다.

수필 창작활동이 취미와 교양수준에서 머물기보다 문학에 대한 열정과 수필의 예술성에 관한 바른 이해와 핵심적 논리를 개발하는데 이어지도록 수필계가 스스로 노력하는 모습을 『수필시대』에 담아내고 싶다. 지금까지 있어 온 한국 문단의 현실은 비평가들이나 시인 · 작가들이 수필을 문학예술의 한 장르로 인정하려 들지 않았다. 이런 부당한 대접을 청산하기 위하여 수필이 작가의 생활주변이나 경험적 사실을 서술하는 짤막한 산문이라는 개념을 청산해야 한다. 수필가들의 이러한 자구책自救策이 없는 한 한국 수필은 영원히 문학의 반열에 들어 설 수 없다.

우리들은 시인과 소설가들과 함께 같은 시대에 글을 쓰면서 결코 가볍게 대접받거나 이들과 다른 집단이 되고 싶지 않다. 철학적 사고가 들어 있지 않은 짧은 글이거나 심오한 개성이 내포되지 않은 글을 써내는 사람이 아니라 예술성 높은 글쓰기에 종사하는 진정한 수필가가 되어야 한다. 그리고 한국 문학을 건설해가는 힘찬 역군으로 남아야 한다. 감동적 효과가 읽는 이의 가슴 깊이까지 전달될 수 있는 글을 날마다 쓰고 싶고 또 읽고 싶다.

한국 수필의 틀을 바꿔 문학적 고전으로 남을만한 글을 써내고 그런 글을 발굴하는데 『수필시대』는 결코 인색하지 않을 것이다. 경험적 사실의 세계를 기록해 내면서도 결코 상상의 세계를 밀어내지 않는 조화로운 글쓰기에서 한국수필의 예술성, 사실성을 확보하는데 동반자가 되기를 기꺼이 승낙하는 사람들과 함께 어깨동무를 하고 싶다.

광기狂氣의 시대는 끝났다

2007년 1월, 한국문단에서 광기와 패거리가 사라진다는 박수와 환호가 터져나왔다. 6년간의 광기어린 독단과 질곡에 시달려 온 뜻있는 사람들의 박수와 환호였기에 믿을 수 있었다.

그들은 법적 시비를 일으키는 빌미를 만들어 반대파를 억압하고 절차도 무시한 채 정관을 바꾸면서 계속해서 후계자로 하여금 문협을 시무視務케 하려고 일곱명의 부회장을 만들고 -그것도 각 장르별로 안배하라는 강제규정을 두어- 분과회장을 선거에 투입하여 득표활동을 시키려고 양성하고 독려하고, 자신이 만든 고속도로에는 자신이 훈련시킨 운전사를 투입해야 잘 달릴 수 있다는 해괴망측한 논리로 후계자를 물색했다. 그리고는 자신의 모자와 제복을 입혀 입후보 시킨 뒤, 신명을 다하여 후원하고 상대후보의 손발을 묶어놓았던 일들은 그들이 패배함으로써 종말을 지었다.

모함과 모략, 거짓과 날조를 감추기 위하여 어느 때는 윤리위원회를 동원하고, 또 어느 때는 이사회를 동원하며, 또 감사들을 동원해서 조자룡의 헌칼 쓰듯 무소불위로 갖다 부치며 문협의 제규정을 활용하던 솜씨는 대대손손 자신의 계열에서만 문협을 지배해야 된다는 생각에서 출발한 것이었다.

어쩌면 40년 전(1966. 5. 16)에 있었던 중국의 문화혁명과 꼭 닮아 혀를 내둘러야 했다. "부르주아를 공격하는 문혁을 시작하자"는 5 · 16 통지로 시작된 문혁은 마오쩌둥毛澤東의 "사령부를 공격하라"는 격문으로 시작되었다. 문화혁명은 중국 대륙을 암흑사회로 몰아갔고 철없는 10대들의 광기로 무자비하게 대륙을 휩쓸었다.

부르주아를 공격하자는 말이 반대편에 서있는 사람(자신의 뜻에 반하여 문협 이사장에 입후보 하는 사람)을 무자비하게 공격하고 -온갖 모함과 명예훼손, 선거방해 등, 심지어 회원권을 박탈하는 제명까지 불사하면서 자신이 점찍은 사람을 무투표로 당선시키려고 노력한 것은 마오쩌둥의 격문처럼 "사령부를 포격"한 것이다.

그것도 모자라 회원권을 박탈한 뒤에도 스스로 만든 문건을 월간문학의 첫 페이지부터 게재하고, 이러한 불법을 저질러 선거에 지고도 마지막 이사회에서 다시 상대편의 대표를 지목하여 제명을 확인하는 결의(2007. 1. 27 이사회)를 하는 일이 벌어졌다. 두 번의 제명결의가 이 세상에 어디 있는가.

옛말로 말하면 부관참시요, 법률적인 용어로는 일사부재리 원칙에 어긋나는 일이며, 군대용어로는 확인사살이다. 이런 무자비한 일을 하고도 태연하게 오늘 이후부터 (2007. 1. 27) 일어나는 모든 법적 문제는 신임집행부에 승계된다고 공문을 보내니 할 말이 없다. 광기어린 망나니의 칼춤을 보는 것 같다. 광기와 독기, 편견과 적개심이 "나 아니면 안된다"는 생각을 갖게했고, 그런 생각이 상대진영을 무차별적으로 공격해야 된다는 만용을 갖게 한 것이다.

그러나 6년 간의 그들의 지배와 독기에 찬 편견이 하루 아침에 무너진 마당에서 그들은 어디로 갈 것인가? 다시 패거리를 만든다고해도 흩어질 것은 뻔하고 세월이 갈수록 힘이 빠질 것이다. 독기는 사라지고 광기는 허물어진다. 결국 정의 앞에 무릎을 꿇어야 할 텐데 그게 쉽지 않아 고민할 것이다.

문혁 당시 자살과 폭행과 고문, 강제노동으로 수천만 명이 죽었다. 중국 문단의 대표적인 작가 라오서老舍는 고깔모자를 쓴 채 끌려 다니다 목숨을 끊었다. 마오쩌둥毛澤東은 사회주의 혁명을 수호한다며 문화혁명을 일으켜 국민을 선동해 정적을 숙청했지만 6년을 지배한 문협의 집행부는 더 오랜 기간을 자신의 패거리가 지배하도록 길을 열어주기 위하여 별별 짓을 다했다.

그렇게 하기 위하여 시판市販하는 〈월간문학〉에 거짓으로 먹칠했고 법률상식이 없는 회원들을 기망하기 위하여 8천 8백여 회원은 이겼다고 말하며(피고는 문협 집행부였는데) 기각 결정문을 승소판결문이라고 말하는 등, 실로 하늘이 놀랄 일을 서슴없이 자행했고 3번에 걸쳐 편집후기를 써서 명예훼손을 했다. 집행부의 생각과 다르면 문협 회원들의 적敵으로 간주했다. 적이기 때문에 숙청이 가능하다고 생각한 집행부는 어떤 짓을 해도 괜찮았다.

중국의 사상가 러쩌허우李澤厚의 말이 생각난다. 그는 문혁을 겪은 사람이었다. "네가 옳고 내가 그를 수 있다는 사실을 깨닫는 것이 이성의 힘이다. 문혁은 인간이 이성을 잃으면 짐승이 된다는 것을 보여 주었다"고 쓰고 있다. 이성을 잃은 편싸움이 얼마나 무서운가를 이번 선거에서 패배한 문협의 전 집행부는 뼈저리게 깨달아야 한다. 이제 한국문단에서 광기의 시대는 영원히 없어져야 한다. 상생相生과 조화, 정당한 경쟁만이 발붙일 수 있는 문단을 마련해야 한다.

양심의 글과 거짓 행동

최근 펜클럽 전남 지역위원회를 맡았던 박형철씨가 전국의 알만한 문인들에게 보낸 글을 보고 참담하기 그지없는 생각을 갖게 되었다. 펜클럽은 세계적으로 활동하는 국제 문학단체다. 글을 쓴다고 아무나 입회되는 단체가 아닌 중량과 비중 있는 국제단체로 UN 인권위원회와 엠네스티의 자문기구이며, 유네스코의 지원으로 세계본부가 운영되고 있기 때문에 여러 나라 정부가 존경하고 정중하게 대접하는 권위 있는 단체로 발전하여 왔다. 특히 인권문제에 대한 인식이 투철하기 때문에 양식 있는 지식인의 모임으로 세계 모든 국가, 국민들의 존경을 받게 되는 단체다.

한국 펜클럽이 80년대 이후 국제펜클럽의 존립 목적에서 일탈하여 변칙적으로 운영되어 왔고 그 동안 송사訟事에 휘말려 위축된 점을 바로 잡기 위하여 서울에만 본부를 두었던 폐해를 극복하고 각 시도에서 문학 활동을 전개하기 위하여 제49차 정기 총회에서 지역위원회를 두기로 결정하고 정관과 지역위원회 설치 규정이 통과되었다. 지역위원회 설립은 한국펜에서 민주적 운영의 시금석이 되었고, 어떤 결과를 가져 올 것인가 예측할 수 없었던 처지였기에 초대 회장은 본부에서 임명하고 두 번째부터는 지역회원들의 민주 방식에 의하여 선출토록 되었음은 펜회원이면 누구나 아는 사실이다.

사실이 이런데도 박형철씨는 지금 허위 사실로 추악한 글을 쓰고 거짓 행동을 하고 있다. 그는 2002년 5월 전남 펜 회장과 광주 문협회장을 겸임하게 되어서 그 때 어느 곳 하나를 사퇴해 달라고 내가 요청했다. 그의 답변은 전남 펜 회장을 사퇴할 테니 문예진흥기금 지원 사업인 전남 펜문학과 강진에서의 행사를 하게 된 10월 이후에 사임하겠다고 요청해 왔고 본인은 박형철씨의 말을 믿어 이를 승낙, 10월에 사표를 제출해 달라고 말했다. 그러나 그는 본부에 통보도 없이 전남 펜 총회를 개최하는 공고문을 내고 회장 선출을 강행했다. 이 사실이 정관과 지역위원회 설치규정에 위배된다고 알렸고 이를 추궁하자 정관과 지역위원회 설치규정을 이해하지 못했다고 그는 2003년 1월 25일, 공문으로 보내왔다. 지역 책임자가 본부 정관과 지역위원회 설치규정을 숙지하지 못했다면 이를 이해할 사람이 누가 있겠는가? 또한 총회도 비회원과 무자격 회원들이 함께 참석하여 성원도 되지 못했음은 제출된 회의록에서 확인되었고, 본부가 독재를 하고 독선을 하니 전남 펜을 반환하자는 선동과 폭언적 발언이 생생하게 기록되어 있었다. 이런 소란 속에서 각본대로 치러진 총회를 인정하라고 본부에 압박하는 것은 글 쓰는 사람들의 양식에서는 불가능하다. 또한 제명 전에 충분한 소명의 기회를 주었고 모든 것은 문서로 제출하라는데도 이행치 않았다. 그러고도 지난 4월 8일에 전국에 돌린 1천여 통의 고발장은 본인에 대한 심대한 명예훼손이다. 이런 괴 문건을 발송하기 전에 그는 왜 제명되었는가를 명쾌하게 해명하고 반성해야 한다. 박형철씨는 지금 펜회원이 아니기 때문에 회원들을 선동할 수 없으며 펜의 이름으로 문건을 만들 수도 없다. 또한 서명자 21명 중 광주지역 회원이 4명, 제명자 2명, 자격정지 3명을 빼면 12명이 서명했다. 이것도 올바른 문서라고 보기 어렵다. 이런 일을 하기 전에 박형철씨는 복권을 위하여(사법적 판단을 포함해서) 모든 노력을 경주해야 한다. 또한 전남 총회에서 선출한 회장을 본부에서 임명을 거부하다가 전남 회원들에게 회유공문을 보내고 슬그머니 임명했다는 것은 완전한 허위이다. 전남 펜의 회칙(통칭 정관이라 함)도 본부의 승인을 받지 않은 상태에서 어떻게 전남펜이 건재하다고 펜의 이름을 도용하는가. 이런 일들이 전남 펜이 전국에서 유일하게 사고 당사자가 된 까닭이다. 박형철 씨는 양심의 글과 거짓 행동을 구분할 줄 아는 안목을 먼저 가져 주기 바란다.

'개혁'과 '우리'란 말에 대하여

'개혁'이란 말이 요즘처럼 많이 쓰이는 때가 없었다. 하도 많이 쓰이니까 식상할 것 같다. 되레 이 말을 쓰기가 민망스러울 때가 있다. 개혁이란 말뜻은 각종 제도나 기구 따위에서 낡고 불합리한 점을 합리적으로 새롭게 고친다는 뜻인데, 이 말이 자주 쓰이는 것을 보니까 우리나라는 모두 불합리하고 시스템이 맞지 않아 고칠것 투성이로 보인다. 과연 그럴까?

자고 일어나면 고칠 것만 있다면 한가롭게 지내는 사람이 있어서는 안된다. 그래서 우리나라 사람들은 아침부터 저녁 늦게까지 바쁘게 움직이는 걸까? 하여튼 개혁이란 말을 온 국민이 즐겨 쓰고 있다. '개혁'과 '우리'란 말에 대하여 여당도 야당도, 젊은이도 늙은이도, 학생도 지식인도 모이기만 하면 개혁이란 말을 쓴다. 더러는 변화하는 것을 조정하거나 개편하는 일, 작은 조정, 개선, 혁신과 같은 말이 쓰일 만한데도 개혁이란 낱말이 버티고 앉아 많은 사람들의 눈살의 찌푸리게 한다.

또한 '우리'란 말도 아무데서나 쓰인다. '우리'는 '나'란 말과 관계를 갖고 있다. 말하는 사람이 자기편의 여러 사람을 일컫는 말이기 때문에 자기와 같은 사람, 즉 생각과 모습, 행동이 같은 사람이 있어야 우리란 말이 가능하다. 뜻이 이런데도 우리란 말을 자신이 하고자 하는 말이나 행동을 사회적으로 정당화시키기 위하여 쓰이고 있다.

자신이 혼자 주장하는 데도 우리란 말을 내세워 많은 사람들이 함께 주장하고 있다는 것을 내비치고 있다. 마치 정치인들이 쓰는 말 가운데 가장 많이 쓰이는 국민이란 말과 쓰임이 같다. 국회의원들은 자신의 혼잣말도 국민의 말로 둔갑시킨다.

말은 확실한 뜻을 가지고 쓰여야 한다. 어휘의 선택이 부적절하면 확실하게 뜻을 전할 수 없다. 때문에 좋은 말도 자주 쓰이면 입에 발린 소리, 입만 열면 말하는 똑같은 소리라고 푸대접을 받는다. 이쯤 되면 말의 신선감이 떨어지고 천박해져서 무게를 잃게 된다. 예부터 말은 천근의 무게를 가져야 한다고 전한다.

개혁은 낡고 불합리한 것을 새롭게 고치는 것이기에 강한 도덕적 명분과 현실적 의지가 있어야 한다. 때문에 잘못을 고치자고 발의하는 것이기에 누구도 항의하거나 거부할 수 없다. 이런 까닭으로 개혁론자들은 사회에서 급성장하며 권력 간의 갈등에서 우선권을 장악할 수 있고 개력에 회의를 느끼는 사람을 간단하게 보수반동으로 지목하여 내칠 수 있다.

지금까지의 개혁은 권력을 가진 자들이 앞장서서 발의하였기 때문에 억압적이었고 같거나 비슷한 내용이 많아서 선도가 떨어졌었다. 우리란 말도 마찬가지였다. 정당간의 당리당략이나 자신들이 유리한 정치적 고지를 점령하기 위하여 나의 의견에 우리란 말을 얹어 확대 재생산해냈다. 우리란 말을 내세워 열심히 외쳐댄 사안事案을 자세히 살펴보면 종당에는 오로지 자신 한사람뿐, 누구도 동조자가 없었음이 밝혀진다. 얼마나 황당한 일인가? 상황이 이러하기에 많은 사람들은 '개혁'에 대하여 피로감을 느끼고 '우리'란 말에 식상食傷하고 있다.

개혁과 우리란 말은 절대로 헛말이 되어서는 안 된다. 도덕적인 우월감, 윤리적인 정직성, 선의善意를 가진 사람들의 말에 대하여 억압하지 않는 총체적 화합정신이 들어 있어야 한다. 그만큼 구체적인 사안들로 이루어지기 때문에 지속적으로 실천하지 않으면 안 된다.

우리 시대가 거대한 변화를 하고 있다는 것을 모르는 사람이 없다. 날이 새면 우리란 말이 앞서고 개혁이란 말이 입에서 떠나지 않는다. 그런데도 정작 어떤 게 개혁되고, 어떤 안

案이 우리들의 뜻을 모아 개혁을 실천하는지 알 수 없다 말만 앞선 개혁과 우리란 말로 포장된 여러 가지 일들이 눈앞에 보이다가 어느 날 갑작스럽게 자취를 감춘다.

개혁은 명분보다 결과가 더 중요하고 내가 아닌 우리란 말에는 도덕적 각성과 윤리성 그리고 양심이 더욱 소중하다. 양심이 없는 사람이 아무리 우리란 말로 떠들어도 자기 혼자일 뿐, 여러 사람이 의견을 보태주지 않기 때문이다.

■ 연보

1957.3. 20	국민대학교 졸업
1970.3. 20	경희대학교 대학원 졸업 (문학석사)
1981.3. 1	단국대학교 대학원 박사과정 입학
1985.2. 20	단국대 대학원 졸업 (문학박사)
57~87년	國際 P.E.N클럽 韓國本部 理事 · 副會長
59~63년	안양중 · 고등학교 教師.
63~66년	農林公務員教育院 講師.
72~78년	중앙대 문리대 국문과 講師.
76~05년	國際 P.E.N 世界大會(38차, 39차, 48차 68차(마케도니아) 69차(멕시코) 70차(노르웨이) 71차(슬로베니아) 韓國 正代表 및 同 執行委員會 韓國代表.
81~87년	中 · 韓作家會議(제1회–제7회까지) 대표 및 대표단장
82년~현재	스웨덴 노벨위원회로 부터 노벨문학상 후보작 추천을 의뢰받음.
82~86년	湖西大 助教授.
84~87년	한국교원대 국어교육과 책임교수.
86~99년	한국교원대 조교수, 부교수, 교수.
86~03년	韓國批評文學會 會長.
87~95년	亞洲作家聯盟 會長.

86~88년　汎民族올림픽추진중앙협의회 상임운영위원.

88~91년　中都日報 論說委員

91~95년　忠淸日報 論說委員

95~97.년　忠淸每日新聞 論說委員

98~현재　韓國文學振興財團 理事長 및 韓國文學世界化推進本部長

58~현재　계간 『문예운동』 발행인

2001~2005.3　國際 P.E.N 클럽 韓國本部 會長

2002~현재　中國 로양대학교(洛陽大學校)객좌 、석좌교수

2004~현재　격월간 『수필시대』 발행인

2005. 3.　국제 PEN 클럽 한국본부 명예회장

2007. 3.　한국문인협회 명예회장

▣ 著書

・ 詩集

1963. 3.　詩集 『별이 뜬 대낮』 발간 (現代社)

1970. 11.　詩集 『成耆兆 作品集 Ⅰ』 (益文社)

1970. 12.　詩集 『成耆兆 作品集 Ⅱ』 (益文社)

1971. 8.　詩集 『近況』 발간 (益文社)

1980. 11.　詩集 『흙』 발간 (文理社)

1988. 7.　詩集 『사랑을 나누면서』 발간 (홍익출판사)

1989. 8.　詩集 『바람쐬기』 발간 (도서출판 늘푸른)

1989. 12. 詩集『달동네 사랑』 발간 (신원문화사)

1991. 12. 詩集『방문을 열며』 발간 (도서출판 청학)

1996. 6. 詩集『사는법』 발간 (신원문화사)

1999. 5. 詩集『다락리에서』 발간(신원문화사)

1999. 5. 英文對譯詩集『As the Sky Breathing 』 발간 (박우사)

2001. 10. 詩集「나무가 되고 싶다」(한국문학사)

2002. 7. 詩集 「겨울나무」(문예진흥원 우수예술도서로선정됨)(한국문학사)

2003. 5. 詩集「산으로 가는 곰」(문예운동)

2005. 1. 詩集「혼자 말하는 나무」(제21회 상화시인상수상) (문예운동)

2006. 3 詩集「아침 뻐꾸기」(문예운동)

• 小說

1972. 2. 創作集『流星의 傷處』발간 (月刊文學社)

1977. 3. 創作集『빛속의 彷徨』 발간 (文理社)

1977. 8. 長篇小說『共存時代』 발간 (文理社)

1978. 4. 創作集『冒瀆』 발간 (韓振出版社)

1984. 8.~86. 2. 大田日報에 소설『샛바람』을 연재함 (大田日報社)

1987. 10. 長篇小說『샛바람』 발간 (신원문화사)

1988. 9. 忠清日報에 소설『바람문』 4년간 연재 (忠淸日報社)

1991. 7. 中國作家協會延邊分會 기관지 『천지』에 『죽기살기론』 발표
1992. 2. 장편대하소설 『北風』 1권 발간 (도서출판 에이엠)
1992. 2. 장편대하소설 『北風』 2권 출간 (도서출판 에이엠)
1992. 3. 장편대하소설 『北風』 3권 출간 (도서출판 에이엠)
1992. 3. 장편대하소설 『北風』 4권 출간 (도서출판 에이엠)
1992. 3. 장편대하소설 『北風』 5권 출간 (도서출판 에이엠)
1992. 4. 장편대하소설 『北風』 6권 출간 (도서출판 에이엠)
1992. 10. 장편소설 『여우비』 발간 (도서출판 훈민정음)
1999. 5. 단편소설집 『대왕과 염보살』 발간 (신원문화사)

• 童話集

1983. 10. 동화집 『분노의 목소리』 발간 (도서출판 썬맨)
1984. 4. 동화집 『군번없는 용사』 발간 (백록출판사)
1984. 5. 동화집 『겨레의 힘』 발간 (신원문화사)
1984. 5. 동화집 『다함없는 애국』 발간 (신원문화사)
1984. 5. 동화집 『생일없는 아빠』 발간 (신원문화사)
1984. 5. 동화집 『영광의 메아리』 발간 (신원문화사)
1984. 5. 동화집 『해돋는 나라』 발간 (신원문화사)
1987. 5. 동화집 『생일없는 아빠』 발간 (신원문화사)

• 隨想集

1959. 7. 서간집 『사랑의 구름다리』 발간 (現代社)
1978. 6. 수상집 『연필로 쓴 人生』 발간 (도서출판 지소림)
1989. 8. 에세이집 『살어리 살어리랐다』 발간 (신원문화사)
1990. 6. 에세이집 『세상얘기』 발간 (도서출판 에이 엠)
1991. 8. 에세이집 『흰소리 잦흰소리』 발간 (장학출판사)
1991. 10. 에세이집 『사랑이 바람처럼 날리어』 발간 (도서출판 에이 엠)
1995. 6. 칼럼집 『발전하는 사회와 언어』 발간 (한국문화사)
1996. 4. 『문단기행 1』 발간 (한국문화사)
1996. 4. 『문단기행 2』 발간 (한국문화사)
1999. 5. 에세이집 『미운 얼굴 고운 말』 발간 (신원문화사)
1999. 5. 에세이집 『풍진 세상을 사는 지혜』 발간 (신아출판사)
1999. 5. 기행문집 『마음을 구름에 묻고』 발간 (한국문화사)

• 文學敎材 및 文學理論書

1976. 4. 大學敎材 『文藝創作法 新講』 발간 (獎學出版社)
1988. 5. 『文學의 世界』 발간 (學文社)
1989. 8. 大學敎材 『文藝創作概論』 발간 (獎學出版社)
1990. 7. 『韓國現代詩人硏究』(共著) 발간 (도서출판 冬栢文化)
1992. 10. 『문학이란 무엇인가』 발간 (도서출판 冬栢文化)
1994. 6. 『수필이란 무엇인가』 발간 (學文社)

1995. 2. 『글을 어떻게 쓸 것인가』 발간 (한국문화사)

1995. 6. 『문예사조』 발간 (한국문화사)

1997. 11. 『중학생을 위한 문학이야기』발간 (한국문화사)

• 批評書

1985. 5. 評論集 『韓國文學과 傳統論議』 발간 (獎學出版社)

1989. 12. 北韓文學 40年 硏究 『주체사상을 위한 혁명적 무기의 역할』(시부문) 발간 (신원문화사)

1989. 12. 北韓文學 40年 硏究 『사회주의 사상 통일 문학』(소설부문) 발간 (신원문화사)

1990. 7. 批評集 『북한 비평문학 40년』 발간 (신원문화사)

1997. 11. 비평집 『언어와 시대정신』발간 (신원문화사)

▣ 全集類 및 年刊集 收錄 作品

1965. 5. 季刊詩集 『1984.季刊 韓國詩集』에 작품 수록 (徽文出版社)

1971. 11. 韓國現代詩人協會 편 『韓國現代詩選』에 작품 수록 (成文閣)

1975. 2. 『新韓國文學全集』(전50권)(現代文學편)에 작품 수록 (語文閣)

1975. 9. 『韓國代表隨筆文學全集』(전12권)에 〈춘불頌〉, 〈醉語錄' Ⅰ, Ⅱ〉 작품 수록 (乙酉文化社)

1976. 6. 『韓國代表作家新文學全集』(전10권)에 작품 수록 (文理社)

1976. 7. 『韓國作家出世作品全集』에 작품 수록 (乙酉文化社)

1977. 8. 『新韓國文學全集』(전12권)에 長篇小說 〈共存時代〉수록(文理社)

1977. 9. '77韓國現代詩選에 작품 수록 (韓國現代詩人 協會 편)(槿域書齋)

1981. 5. 『韓國短篇文學全集』(전20권)에 작품〈破倫曲〉, 〈金氏列傳〉, 〈續사랑전〉 수록 (도서출판 金字堂)

1982. 3. 우수단편모음에 작품 〈달하,밝은 달아〉 수록(韓國小說家協會 편) (행림출판사)

1982. 9. 『韓國代表新文學全集』(전12권)에 작품 수록 (新韓出版社)

1983. 12. 소설 80년대 『악마의 덫』에 단편 〈歸去來辭〉 수록(도서출판 한그루)

1984. 6. 『現代韓國隨想錄』에 작품 수록 (금성출판사)

1984. 7. 우수단편모음에 작품 〈苦戀談〉 수록 (韓國小說家協會 편)(행림출판사)

1984. 8. 『現代韓國短篇文學全集』에 작품 수록(금성출판사)

1989. 1. 『韓國100人詩集』에 작품 수록 (동원출판사)

1991. 9. 『우리 시대의 한국문학』(전30권) 중 5권에 작품수록 (계몽사)

1994. 5. 『사진으로 보는 한국문단 80년』에 수록 (계몽사)
한국현대문인작품집 〈詩篇〉에 '소쩍새' 외 1편 수록 (도서출판 한림)

1996. 8. 한국문예진흥원 편찬 『연간시집』에 작품 수록 (한국문예진흥원)

1998. 7. 97년을 대표하는 『문제 詩 · 時調』에 작품 수록 (한국문화사)

1999. 98년을 대표하는 『문제 詩 · 時調』에 작품 수록 (한국문화사)

2000. 99년을 대표하는 『문제 詩 · 時調』에 작품 수록 (한국문화사)

2001. 2000년을 대표하는 『문제 詩 · 時調』에 작품 수록 (한국문화사)

2002. 2001년을 대표하는 『문제 詩 · 時調』에 작품 수록 (한국문화사)

2003. 2002년을 대표하는 『문제 詩 · 時調』에 작품 수록 (한국문화사)

2004. 2003년을 대표하는 『문제 수필』에 작품 수록 (한국문화사)

2004. 2003년을 대표하는 『문제 詩 · 時調』에 작품 수록 (한국문화사)

■ 外國에서 飜譯된 作品

1980. 5. 佛譯詩集 『A MON FILS』을 발간 (Fremont)

1980. 7. 英譯 『The Contemporary Korean Poets』에 작품 수록 (New YorkLarchwood)

1981. 9. 佛譯短篇選 『Liberte Sous Clef』에 작품 수록 (Paris Editions Leopard dor)

1981. 9. 英譯短篇選 『Modern Korean Short Stories』에 작품 수록 (New York Larchwood)

1981. 11. 단편소설 〈天地黑白黃〉을 한학준의 번역으로 한국일보 제정 제12회 번역문학상을 받음 (한국일보사)

1983. 8. 佛譯詩集 『Souffle Des Mers』 발간 (Euro Editor)

1983. 8. 英譯短篇集 『Debasement』 발간 (New York Fremont)

1983. 10. 韓國 名家短篇選 『等身佛』에 작품 수록

1983. 12. 『中華文藝』(臺北發刊)에 단편소설 〈오목골 설화〉가 〈凹村故故事〉로 번역 게제(中華民國 華欣文化事業中心)

1985. 4. 방글라데시에서 발간된 『Syed Ali Ahsan』에 작품 수록 (Bangladesh)

1985. 10 中譯 韓國短篇選集 『明月啊,明月』에 작품수록 (中華民國 采風出版社)

1985. 10. 創作集 『冒瀆』이 『歸巢』로 中譯되어 출간 (中華民國

采風出版社)

1990. 7. 필리핀 『The Quill』지에 詩가 특집으로 소개됨 (The Asian Writers' Leaque Philippines Inc.)

1992. 10. 『POETRY WORLD 1992』에 작품 수록(乙支出版公社)

2002. 7. 카나다 토론토 문학동호인회 편「Variety Crossing」에 작품이 번역되어 게재됨

2003. 1 詩集 『息吹く空』가 日本 東京文藝館에서 번역 · 출간됨

2007. 6. 『Daytime moon』(영역시집이 미국에서) 발간 (Image Literatare)

2007. 9. 詩集 『忠正路の人ウ』가 日本東京文藝館에서 번역 출간됨

- **教科書**

1996. 7. 고등학교 『작문』교과서(교육부 검인정 합격)/(학문사)

1996. 7. 고등학교 『문학』교과서 상 · 하(교육부 검인정 합격)/(학문사)중부 하권 27쪽에 시「고향으로 가는 길」이 수록됨.

2002. 3 중학교 생활국어 2-1(106쪽)에 수필「마음을 구름을 묻고」가 수록됨.

현대수필가 100인선 · 06

삶과 예술적 희망

초판인쇄 | 2007년 8월 10일
초판발행 | 2007년 8월 25일

지 은 이 | 성 기 조
펴 낸 이 | 서 정 환
펴 낸 곳 | 좋은수필사

주 소 | 서울시 종로구 익선동 30-6
운현신화타워 빌딩 3층 305호
전 화 | (02)3675-5633, (063)275-4000
등 록 | 1984년 8월 17일 제28호
홈페이지 | http://www.shin-a. co. kr
e-mail | essay321@hanmail.net

값 7,000원

ISBN 978-89-5925-247-4 04810
ISBN 978-89-5925-247-3 (전100권)